VIVRE
ET RENAÎTRE CHAQUE JOUR

Patrick Sébastien

Vivre et renaître chaque jour

XO ÉDITIONS

ISBN : 978-2-37448-472-3

« Ne pas se lamenter sur les bonheurs perdus
Juste se contenter de les avoir vécus. »

LE « CHANCER »

Phénix.

Survivant.

Rescapé.

L'espoir secret de chacun, chaque fois que la vie l'engloutit. Quelle que soit la tristesse de nos crépuscules, il faut toujours croire à un jour nouveau. Oublier l'hiver et mettre nos pendules à l'heure d'été. Mettre les pendules à l'heure tout court. Pour comprendre comment on en est arrivé là, et décider de la façon dont on va s'en sortir. Mais identifier aussi la responsabilité du monde qui nous entoure dans nos naufrages.

C'est pour cela que dans cet ouvrage, au-delà d'une résilience annoncée, je dériverai en toute liberté sur des sujets de société. Des plus ordinaires aux plus transgressifs. En tentant d'être le plus lucide et le plus juste possible, je te confierai mes vérités sans concession. Mes pendules à moi. Ces vérités ne sont pas toutes bonnes à dire. Mais elles sont toujours bonnes à entendre. Alors, je vais te les dire quand même, parce qu'elles participent aussi de la thérapie.

Écoute !

22 h 22. Le 22 janvier 2022.

Pour le coup, la pendule n'était pas à l'heure. Au lieu de durer trois heures, l'anesthésie en a duré huit. Je commence à peine à reprendre conscience. Fracassé. Oxygéné, bardé de poches, de perfusions. Le ventre barré par une cicatrice de 40 centimètres. Ça, ce n'était pas prévu. Normalement, une cœlioscopie avec robotique, ce sont des trous. La voix du chirurgien dans un demi-brouillard :

— J'ai été obligé d'ouvrir. La majorité des gens ont une seule artère dans le rein, une minorité deux. Toi, tu en as trois.

Bingo ! Je n'ai jamais rien fait comme tout le monde. Merci la génétique ! Une tuyauterie surnuméraire sans doute installée là pour faciliter le transit de mes nombreux coups de sang. En l'occurrence, un surplus de canalisations bien encombrant. Forcément héréditaire. Ça ne peut pas venir de Maman. Elle ne m'aurait pas fait ça. Ça vient sûrement de « l'autre ». En plus de m'avoir fait bâtard, l'enfoiré !

— Ça pouvait devenir vraiment dangereux, reprend « scalpel man », mon super héros. Alors on a converti.

Heureusement qu'il a fait le bon choix, mon as du bloc opératoire. Pour éviter la méga-hémorragie, il a changé de méthode en urgence. Il a découpé, et il est allé déloger le petit crabe bien planqué dans sa coque au fond du rein. Il en a sué, l'artiste du bistouri. Penché sur la bête de 9 heures à 17 heures.

— Et alors ?

— Alors, tout va bien, Patrick. C'est fini. Pas de suite, pas de chimio, pas de traitement. Juste des grosses douleurs postopératoires, bien sûr, mais après une bonne convalescence, tu seras presque neuf.

— J'ai eu du bol, alors ?

— Ah oui ! Une bonne étoile.

— Alors, on ne va pas appeler ça un cancer, on va dire « un chancer » !

Un « chancer » donc ! Youpi !

Mais le sourire qui accompagne le soulagement est encore bien loin. Peut-être même que si je ne les retenais pas par fierté, quelques larmes pourraient perler, jusqu'à glisser le long du tuyau d'oxygène. De toutes mes solitudes, celles de mes premières nuits à l'hôpital après l'intervention ont été assourdissantes. Dans le silence glacial, en plus des douleurs, il y a eu dans ma tête le bruit incessant des bombardements des mois passés. L'aboutissement d'un pilonnage en règle. Et me voilà inerte, blessé au corps après tant de mitrailles qui ont transpercé mon âme.

Putain d'enfer, quand même !

Quand je pense qu'il y a quelques jours seulement je caracolais au paradis sur une scène de Zénith. Devant des milliers de personnes au top du bonheur, qui faisaient un triomphe au spectacle féerique du Plus Grand Cabaret du monde *en tournée. Et puis mes petites manies. Mes potes. Mes rigolades. Mes sardines au mariage. À 68 balais, frais comme un gardon. Et là, dans la nasse, le poisson. Quand ça veut pas, ça veut pas !*

Allez, flash-back.

— Les emmerdements, ça vole en escadrille ! disait Chirac.

Depuis deux ans et demi, pour moi, c'est Pearl Harbor. Ça bombarde sévère. Une pluie de projectiles de plus ou moins gros calibre. Alors que le ciel était à peu près dégagé, le vrombissement de l'armada s'est fait de plus en plus sonore et l'attaque s'est déclenchée. Ça a commencé par l'éradication télé avec le missile France 2, service public avec vos sous. Comme ça, en pleine gueule, en plein succès.

Comme chez *Les Tontons flingueurs* : un bourre-pif en pleine paix.

— Il connaît pas Eraoul ! qu'elle a dit, la Delphine. Parce que moi, quand on m'en fait trop, je discute plus ! J'disperse, j'ventile ! On va le retrouver éparpillé aux quatre coins du pays façon puzzle. Comment que j'vais l'renvoyer au terminus des prétentieux, le gugusse de Brive-la-Gaillarde !

Et boum ! L'arme de dispersion massive. À contre-courant, à contre-public, viré sans ménagement. Sans même un mot d'explication. Même pas un face-à-face. Même pas un SMS. Au bout de vingt-cinq ans de services. Même pas un pot de départ. J'sais pas moi, mais au moins trois cacahuètes, deux Apéricube et un jus de pomme ! Pour le geste. Non, même pas. Mais bon, on y reviendra.

Que faire ? Rebondir sur scène, forcément. L'évidence du saltimbanque. Et là, Covid. Bloqué, confiné. Comme des millions de vous. L'occasion envolée de recoller les morceaux de la tirelire. Et au-delà de l'aspect financier, celle de rallumer ma fierté. De me prouver sur scène que je valais encore quelque chose. Tant le mépris, le dédain de ceux qui m'ont exclu du petit écran ont fini par me faire douter de moi. Quand on est traité comme un chien, comment ne pas finir par se voir comme un bâtard de fourrière ?

Et dans la foulée, de cause à effet, mon couple pulvérisé, descendu en torche. Bon, d'accord, le virus de la mésentente était déjà là depuis quelque temps, mais la promiscuité forcée du corona, ça n'a rien arrangé. Après trente ans de presque parfait en haute altitude, la chute de mon piédestal cathodique, mon irritabilité, ajoutées à ses envies d'ailleurs, ont fait exploser le long-courrier en vol. Avec, comme c'est souvent le cas, le booster de décollage inévitable : la bonne copine, trop heureuse d'ajouter à sa solitude une solitude supplémentaire. Dans un voyage en couple, on ne se méfie jamais assez des passagers clandestins. Mais bon ! D'un commun accord, ce n'est qu'un changement d'itinéraire à l'amiable. On y reviendra aussi.

Et puis, la faute à l'écran noir, les rats ont quitté le bateau de croisière. J'ai eu droit à toutes les catégories de lâchages et de trahisons quand le projecteur cathodique s'est mis en veille. La chronique banale d'une fuite annoncée. La cour du roi s'est diluée. Les cireurs de pompes sont partis faire reluire ailleurs. Les favoris du portable en mode silence. Ce qu'il y a de bien, avec la nature humaine, c'est que dans la débandade, elle est prévisible. Donc pas de surprise. On y reviendra également.

Et encore du gris. Des très chers autour de moi bombardés par la maladie. Cancer par-ci, AVC par-là. Un de mes seuls amis vrais, Norbert, qui meurt. Un des rares sincères à m'aimer vraiment, sans l'ombre d'un doute. Il avait un an de moins que moi. Donc, forcément, la gamberge sur la fuite du temps. Toutes les appréhensions de l'âge qui effrite, inexorablement. Les années qui s'ajoutent et le parfum du déclin. Avec souvent dans ma tête, les paroles d'une de mes chansons. Pas une joyeuseté pour fêtards. Non, une vraie, sur une musique gitane :

Est-ce que je brûle encore ? Suis-je déjà la cendre ?
Est-ce que c'est loin le port, et combien à attendre ?
Quelle page du livre ? Suis-je loin de la fin ?
Combien d'hier à vivre jusqu'au dernier demain ?

On y reviendra beaucoup.

Et pour terminer, parce que c'est toujours le cas, les effets secondaires sur la santé. Logique. L'influence du stress sur la carcasse. Avec deux *« s »* à chaque mot, comme le *« SS »* de la Sécurité sociale. J'avais déjà eu un *« chancer »* quelques mois après la mort de Maman en 2008. Un mélanome infiltrant découvert par hasard et éradiqué vitesse grand V sans conséquence. Mais à deux mois près, aujourd'hui je serais dans la caisse… Avec deux *« s »*.

Début janvier 2022. Rebelote. Le hasard. La bonne étoile. Une échographie de routine sans but précis. Et une tache blanche sur le rein.

— Sûrement un angiome sans gravité, me dit mon bon Georges, mon ami toubib à Brive. Mais ce serait quand même bien de faire une IRM.

— Ah non ! On n'a qu'à dire que c'est l'angiome. En plus, je suis claustro. L'IRM, je pourrai pas. Et puis j'attaque ma pièce de théâtre dans dix jours.

— J'insiste, Patrick. Même si tu dois me détester.

Alors d'accord ! IRM, et à la sortie :

— Il faudrait faire une biopsie.

— C'est obligé ? Le radiologue pense qu'à 90 % c'est bénin.

— Oui, mais il reste 10 %, et il faut aller au bout.

Et ça donne la phrase la plus surréaliste d'un toubib à son patient quand je lui annonce que c'est un cancer du rein :

— Je suis bien content !

Ben oui ! Et comme il a raison, mon bon Georges. Et comme je le remercie. Du fond du cœur. Et du fond du rein. Content d'avoir rempli sa mission préventive. Content d'avoir insisté pour que je n'abandonne pas sans savoir vraiment.

— Et en plus, c'est un cancer bas grade. Une tumeur de 3 centimètres prise à temps. On la vire et c'est fini. Pas de chimio, pas de traitement. T'as vraiment une bonne étoile.

Champagne !

Ou plutôt Champomy, parce que je me la pose, la question. Bien sûr que je me la pose. Et le vaccin, dans tout ça ? D'accord, j'ai 68 ans. D'accord pour la conséquence des excès en tout genre. D'accord pour le retour de bâton des contrariétés. Mais je constate. Avant le vaccin anti-Covid, j'avais des analyses nickel et aucune pathologie sérieuse à l'horizon. Et un mois après les injections : début de diabète, prostatite et, pour finir, cancer du rein.

Au moment où j'écris, maintenant, tout ça est pratiquement balayé. Mais putain de blitz, quand même ! Alors, pas de complotisme, pas d'affirmation, mais je me demande. Je doute. De l'eau au moulin des antivax, forcément. Mais pas une eau claire. Celle, trouble, de la politique Panurge. La soumission des troupeaux. Ça aussi, on en reparlera longuement dans un autre chapitre.

Je pourrais en vouloir à monsieur Pfizer. Mais dans le doute, je préfère pour l'instant m'en tenir au destin. Le laboratoire de nos vies. Ce que la Providence t'injecte à la naissance en dose de karma. Ce chemin tracé auquel j'ai toujours cru. Un des fondements essentiels de cet ouvrage : *« Tout est écrit. »* Pour moi, nous ne sommes maîtres de rien, alors autant tenter d'être des élèves appliqués. Mais *« appliqué »* ne veut pas dire *« soumis »*. Appliqué dans la résilience, mais pas dans le prétendu ordre moral. Bien au contraire. Vivre plus que survivre. Être fou, être gai, être libre, amoral. Et tant pis pour les dommages collatéraux.

Un jour, j'avais dit à un ami :

— Les excès en tout, les ivresses, les bagarres, les provocations autant sanitaires que professionnelles, il faudra bien payer l'addition.

Il m'avait répondu :

— À moins que Dieu dise : *« Laisse, c'est pour moi ! Je t'offre un petit dernier pour la route ? »*

Sur ce coup, Dieu est parti pisser. J'attends qu'il revienne des toilettes pour voir s'il prend une part de l'addition à son compte. En attendant, je commande mon énième café de la journée et j'allume ma clope. Je sais, il ne faudrait pas. Mais on verra bien.

Mektoub !

C'est le destin qui décidera de la suite. Comme je viens de te le confier, je pense que tout est écrit. Que la fin du livre de nos vies est programmée d'avance. Donc, que toutes les décisions que nous pensons être le fait de notre libre arbitre ne sont que les choix préétablis d'un chemin fléché. À partir de là, je souhaite évidemment en secret que les dernières lignes de mon livre de vie soient tracées d'une écriture élégante dans une édition reliée. Ce serait la moindre des choses pour compenser le brouillon du début !

Je suis né d'une PMA. Procréation avec un Minimum d'Amour. Un troussage de campagne à la va vite. Une éjaculation clandestine. Avec la bénédiction de Dieu, puisque ça s'est passé dans le jardin du curé de Juillac, en Corrèze.

Et c'est là que, pour la première fois de ce livre, intervient Maman, perchée sur mon épaule. Comme dans tous mes ouvrages depuis qu'elle est partie. Ma sentinelle. Et ce n'est pas une figure de style. Je l'entends vraiment. Tout simplement parce que j'y crois et parce que je le veux. Au passage, un espoir merveilleux pour toi si tu as perdu un essentiel. Ceux qu'on aime infiniment ne meurent jamais vraiment si on veut bien prêter l'oreille. Ils sont là. Toujours.

Maman rectifie :

— N'exagère pas, mon petit ! Il y avait quand même des sentiments. En tout cas de ma part.

— Je n'exagère pas. C'est toi qui m'as dit un jour : *« J'aurais tellement aimé faire l'amour dans un lit. »*

— C'est vrai. Mais c'était une autre époque. Et, franchement, dans cette histoire, même si la couche était végétale et que les orties piquaient un peu, ce n'était pas le pire. Les vraies brûlures, ça a été pour après. Mais bon ! Pour faire plaisir aux écologistes forcenés de ton XXIe siècle, on va dire que c'était de l'amour bio !

Un petit trait d'humour pour adoucir le grave. Cette légèreté, dès que j'ai été en âge de la saisir, Maman me l'a transmise. Sûrement son plus bel héritage. Cette façon de dédramatiser toute chose s'avérera essentielle dans toutes mes renaissances.

Elle reprend :

— Et puis, même si ton géniteur n'a pensé qu'à son plaisir du moment, le mien a duré bien plus longtemps : l'amour absolu que tu m'as offert jusqu'à la fin de ma vie.

— Je te le confirme. Mais ça n'empêche pas que j'avais quand même de quoi lui en vouloir.

— Surtout pas. Moi peut-être, mais pas toi. Parce que, quelque part, tout ce que tu es devenu, tu le lui dois. Crois-tu que s'il t'avait reconnu, tu te serais autant battu pour aller chercher sur des scènes la reconnaissance qu'il t'a refusée ?

Elle a raison, Maman. Le jour où ils arrivent sur terre, les petits bâtards comme moi ont un double accouchement à assurer. Ils doivent naître et renaître en même temps. Une mission obligatoire de survie. Et ce qui s'applique aux bâtards vaut aussi pour les mal-nés, les bancals, les pas voulus, les mal-aimés. Ceux qui atterrissent au mauvais endroit au mauvais moment. C'est d'abord à eux que je dédie ce livre. Ce qui, à la distribution des cartes, apparaît comme une fausse donne, les oblige à transformer ces mauvaises cartes en atouts majeurs. Si tu es de ceux-là, n'oublie jamais ça : cette optimisation du destin, c'est ta plus grande force.

Et cette force-là, dès le début, je l'ai mise à l'épreuve chaque jour pendant toute mon enfance en traversant les rues de mon petit village. Quand j'ai été en âge de comprendre, Maman m'a désigné un de ses habitants comme mon géniteur. Jusqu'à aujourd'hui, j'ai toujours un doute sur le fait que ce soit lui. Mais elle n'en a jamais démordu. Et pourquoi m'aurait-elle menti ? Je savais qu'il niait en public être mon père. Mais elle défendait bec et ongles sa version.

Selon elle, il était venu me découvrir quelques jours après ma naissance. Il avait fait la moue et demandé à Maman un temps de réflexion pour décider s'il acceptait de prendre ou non ses responsabilités. Il ne les a pas prises et il a fallu que je vive avec ça. Croiser presque chaque jour un homme qui était prétendument mon père, mais que je n'osais pas aborder. Par appréhension, par gêne, je ne sais pas. Je me contentais juste de la parole de Maman. À vrai dire c'est idiot, mais cet homme tout ce qu'il y a de plus ordinaire m'impressionnait.

J'ai toujours interprété ça comme le signe qu'effectivement c'était lui. Si je n'osais pas briser la glace, c'est qu'instinctivement, au fond de moi, une part de lui m'en empêchait. Et même plus tard, en pleine gloire, je n'ai jamais trouvé le cran de faire ce pas vers lui pour avoir une explication. Enfin, jusqu'à un certain jour dont je te parlerai plus loin. Quoi qu'il en soit, cette lâcheté étrange restera toujours un mystère pour moi.

23 heures. 14 juillet 1961. Juillac. Corrèze.

Je t'ai déjà raconté cette anecdote dans un autre livre, mais je ne lui avais pas accolé le principe de renaissance qui nous guide dans ce livre-ci. Alors, je te la fais courte. C'est surtout l'après qui importe ici.

Le feu d'artifice de la fête au village vient de se terminer. Je rentre à la maison, la tête pleine de lumières. Je vais avoir droit à d'autres étoiles. Les coups que je vais recevoir sur la tête pendant une heure. Comme ça, pour rien. Enfin presque. Après m'avoir coincé dans une maison désaffectée, juste pour le plaisir, une bande de petits cons a décidé de se défouler sur le bâtard du village.

Qu'est-ce que j'ai pris !

Et, à la fin de ce passage à tabac gratuit, dans un grand éclat de rire, il y a eu ce conseil du plus grand :

— Va te plaindre à ton père, t'en as pas !

Maman me consolera du mieux qu'elle pourra. Mais la haine et la colère me rongeront pendant des jours. Jusqu'au piaf. Le petit oisillon blessé qui piaillait dans un fossé. Mon premier réflexe a été de m'approcher pour le secourir. Et puis mon ressentiment a pris le dessus :

— Est-ce que quelqu'un est venu m'aider, moi, l'autre soir quand j'étais blessé ? Démerde-toi !

Je me suis éloigné. Et puis, au bout de quelques pas, je suis revenu et je l'ai emporté délicatement. À la maison, je l'ai mis au chaud. Je l'ai nourri pendant deux jours de miettes de pain trempées dans du lait. Et quand il a eu retrouvé toutes ses forces, je l'ai posé sur le bord de la fenêtre et il s'est envolé.

Et tu sais quoi ? Ma haine et ma colère se sont envolées avec.

C'est ce jour-là que s'est imprimée dans ma tête de môme la vertu indispensable à toute renaissance : *« le bienfait »*. Quelle que soit la blessure. Si forte que soit la rancœur. Depuis, chaque fois que j'en ai eu l'occasion, j'ai soigné le mal qu'on m'a fait non pas en rendant ce mal, mais en m'appliquant à faire le bien.

Les coups du 14 juillet sur ma tête de bâtard résonnent à chaque injustice. À chaque exclusion. La plus récente, c'est celle de la télé, bien entendu :

— Allez, dégage !

Il y avait eu, bien avant, l'ingratitude de mon club de rugby. Quand, après qu'il avait apporté à ma ville le plus beau des trophées de son histoire en étant champion d'Europe, la notabilité briviste avait déjà balancé la même sentence :

— Allez, dégage !

Chaque rupture amoureuse :

— Allez, dégage !

Chaque trahison d'amitié :

— Allez, dégage !

Le haut monde du show-biz pour mes musiques trop populaires :

— Allez, dégage !

La bien-pensance moralisatrice qui attribue les passeports pour la reconnaissance médiatique :

— Allez, dégage !

Quoi que je fasse, quoi que je prouve, je sais que je resterai jusqu'à la fin de ma vie le petit bâtard auquel les gosses qui jouaient au foot sur la place du village disaient :

— Allez, dégage !

Et pourtant, malgré tout, je suis toujours là.

Parce que, même trahi, exclu, ou humilié, j'ai toujours trouvé un oisillon à réparer. Parce que mes miettes de pain trempées dans du lait sont la bienveillance et la générosité que j'ai toujours accordées à plus blessé que moi, quoi qu'il en soit. Mais ne m'achète pas une auréole pour ça. Ce n'est pas que de l'altruisme. C'est d'abord une sauvegarde personnelle. C'est pour cela que je t'encourage à te mettre cette phrase dans la tête une bonne fois pour toutes :

« On ne renaît jamais dans l'aigreur ou dans la vengeance. »

Et pourtant, Dieu sait si, au moment où j'écris, je pourrais en avoir, de l'aigreur et des envies de vengeance !

1 h 30. 14 février 2022. Martel.

Je fête la Saint-Valentin avec moi-même. En guise de cœur qui bat, le mien ralentit ou s'accélère au rythme de l'effet des antidouleurs. Ou d'un redressement trop brutal qui me cisaille le ventre en plus de déclencher des vertiges.

Mais bon ! Le toubib m'avait prévenu. Rien d'exceptionnel. La routine dans une convalescence après une opération de cette importance.

La séparation de mon couple s'est juxtaposée avec l'invasion du crabe. C'est trop con ! D'habitude, le 14 février, on mangeait ensemble le crustacé arrosé d'un bon vin millésimé pour fêter notre union dans un restaurant étoilé. Là, je me régale en solo d'une tranche de jambon arrosée d'eau minérale. Et, à travers la baie vitrée, le ciel sans étoiles est d'une infinie noirceur. Et ça, ce n'est quand même pas sa faute !

Je pourrais en vouloir à madame d'avoir pris son envol au moment où les barreaux de ma cage se resserraient. Pas du tout. Vraiment. Sincèrement. Comme dit la chanson : « Je lui souhaite tout le bonheur du monde. » C'est mon antalgique le plus précieux. Lui en tenir rigueur accentuerait mes douleurs.

— Alors, à la tienne, ma belle ! Je lève mon verre d'Aspégic à ta santé !

Et puis je vais m'allonger un moment pour adoucir la tenaille qui m'étrangle les tripes. En passant devant le miroir, le reflet me désole, bien sûr. Il pourrait faire bien plus. Me faire sortir de mes gonds pour le fracasser de rage. Ou exploser l'autre miroir voisin, la télé. Parce qu'une des causes de l'arrivée du crabe est forcément liée à mon éviction sauvage de ton petit écran. C'est organique. Comme je te l'ai déjà dit, c'est une vérité médicale : le stress commande à la tuyauterie.

Déjà, juste après la grande contrariété de l'exclusion, il y a deux ans, le système digestif s'était bloqué. Jean-Marc, mon vieil ami gastro-entérologue, m'avait forcé à la coloscopie. Rien de grave, bien sûr, mais, comme prévu, la conséquence d'une overdose de colère rentrée. Il me l'avait d'ailleurs écrit noir sur blanc sur une ordonnance que je conserverai toute ma vie dans mon musée de l'humour :

« Si les symptômes persistent, va mettre un coup de boule à un mec de France 2 ! »

Je ne l'ai pas fait, bien sûr. À la place du coup de boule, il y a eu deux coups de reins. Celui du crabe, coup de Jarnac, il y a un mois. Et, il y a quelques instants, celui que je viens de mettre pour me relever du lit où je m'étais allongé. Avant de revenir vers mon ordinateur pour y écrire les mots de mon exutoire. Pas question de m'apitoyer. Le larmoiement ne soigne rien. Il faut agir. Parce que, autant qu'avec les traitements chimiques postopératoires, il y a la guérison par les mots. Et pour moi, cette guérison passe par le message positif que je vais t'envoyer pendant tout ce voyage littéraire. À la mort de Maman, écrire : « Tu m'appelles en arrivant » a été un des moteurs les plus puissants de ma renaissance.

Alors, ça aussi, ne l'oublie jamais :

« Écrire est aussi une façon de renaître. Ne t'en prive jamais. Même si tu n'es pas lu. Le silence des mots intimes est souvent bien plus réconfortant qu'une conversation à

deux de compassion de circonstance. La confession de soi à soi exclut le mensonge. La vérité est le plus solide pilier d'une reconstruction. »

Alors, pour amorcer ma renaissance 2022, je vais écrire.

Mais, avant d'embarquer vraiment pour le voyage, je te fais le plan de vol.

Tout au long de ce livre, je te parlerai, entre autres, de notoriété, de politique, de sexualité, d'amour, des médias, de nostalgie, de la nouvelle société. Histoire, comme je te l'ai promis, de mettre non seulement les miennes, mais toutes les pendules à l'heure. Avec mes vérités sans filtre. Parce que toute renaissance passe d'abord par une introspection la plus sincère possible. La recherche des tenants et des aboutissants à l'instant *t*. Sans hésiter à lâcher ses colères et ses enthousiasmes sans fard et sans précaution.

À toute résurrection, il faut un exutoire préalable.

Je vais raconter et extrapoler au-delà de moi-même. Régler aussi mes comptes avec les autres. C'est pour moi la nature même du phénix : comprendre l'origine de chaque flamme pour être certain de renaître des cendres qu'elle a créées. Alors je vais me dévoiler en priorité, mais exprimer aussi ce que je ressens du monde qui nous entoure. Pour moi autant que pour toi. Une tentative de thérapie collective. À la fin, je ferai le bilan. Et je te conseille, au fil de ce que tu apprendras, de faire aussi le tien. J'espère en secret que mes renouveaux multiples t'aideront à envisager les tiens sans te décourager un seul instant.

Avant tout, je précise que j'ai choisi d'écrire cet ouvrage au jour le jour pendant le premier semestre 2022. À l'instant et à l'instinct. Sans la moindre retouche a posteriori. Un instantané qui sera sans doute décalé au moment où tu le liras. Les événements auront certainement redistribué certaines cartes. Les vérités du moment ne seront peut-être plus les mêmes. Mais je tiens à cette photographie originale. C'est la garantie d'une sincérité absolue et, pourquoi pas, visionnaire.

Alors, je résume.

Si on prend le recul nécessaire, depuis deux ans et demi, j'ai subi une multitude de contrariétés, deuils, blessures, humiliations de tout crin. Je ne te compte pas le passif. Le staccato du mitraillage d'avant pendant soixante-cinq ans. La mort de mon fils, de tous mes plus proches, les insultes, les accidents, les trahisons, les injustices, l'inévitable cruauté de toute exposition publique. Et malgré tout ça, aujourd'hui, j'ai décidé de ne voir que le verre à moitié plein.

Avec, quand même, indispensable à la survie, la petite touche d'humour qu'il faut. En référence à mes années de beuverie, quand j'affirmais :

— Il faut toujours voir le verre à moitié plein. Mais c'est encore mieux d'être à moitié plein quand on commence à voir le verre !

Et il y a encore bien plus que de voir le verre à moitié plein. Comme dit l'autre : il y a surtout la solution de prendre ce verre et de le verser dans un verre plus petit !

Donc, optimiste malgré tout, puisque je suis toujours vivant et enthousiaste comme jamais. À l'instant où j'écris, la douleur me transperce les tripes, mais la carapace reste impénétrable. Et une rage de tenir, tenir, tenir. Ne rien lâcher. Considérer chaque mal comme un bien. Parce qu'il y a toujours une petite lumière au bout du tunnel et que pour moi, c'est ça le sel de la vie. Même saoulé de coups sur le ring, je ne jetterai jamais l'éponge.

C'est trop facile, trop lâche, de rentrer au vestiaire en se disant :

— Allez, stop ! J'abandonne. C'est trop. C'est trop tard. Je laisse glisser et j'attends la fin, la vraie.

Ou alors, je l'anticipe.

Je ne te cache pas qu'il est tentant, le 9 mm, là tout près, dans le tiroir de l'armoire d'en face. Putain, comme souvent j'en ai envie ! Il suffirait d'un élan, et boum ! Sans peur et sans regrets. Lassé de tout. Et finalement pas mécontent de moi. Parce que, quand même, malgré les tempêtes, elle a été belle, la croisière. Embarqué pauvre et sans armes sur un esquif, et accoudé aujourd'hui au ponton d'un paquebot de luxe.

Alors boum ? Une balle dans la tête pour accoster de mon plein gré avant le naufrage ? Pas pour l'instant. Tout simplement parce que je n'en ai pas les couilles. Pardon pour la grossièreté, mais j'écris les mots comme ils me viennent. C'est la contribution indispensable à ma sincérité, et dans cet ouvrage, j'ai bien l'intention d'être parfaitement authentique.

Le suicide est un acte de courage, pas une lâcheté.

Alors non !

Pour ne pas faire de peine à ceux qui m'aiment vraiment ?

Non plus ! Si leur chagrin est sincère, ils s'accommoderaient de mon envol parce que ça aurait été mon choix. Et, au nom de leur amour pour moi, ils le respecteraient.

Pour en finir avec les souffrances et les blessures diverses ?

Non, non et non ! Parce que les déchirures et les élongations sont les corollaires logiques de toute course de haute performance.

Alors, je vais boucler le parcours, en serrant les dents, mais tête droite et torse bombé. Sans demander ni secours ni compassion. En renaissant chaque jour suivant les blessures de la veille. Cette résurrection permanente qui a accompagné chaque turbulence de ma vie te suivra en filigrane tout au long de ce livre. Parfois je la détaillerai, d'autres fois ce sera à toi de la deviner. À travers mes chaos, mes coups de gueule, mes coups de cœur, et toutes les fractures qu'ils ont fabriquées.

Mes hématomes sont mes médailles. Je ne me satisferai jamais de plaintes et de rancunes stériles. Et passer à la suite. Mieux que chaque fois tourner la page, il faut ouvrir un autre livre. Et continuer à lutter, rire, aimer, baiser, me tromper, réussir, perdre et partager jusqu'au dernier souffle. Quitte à, pour paraphraser Pierre Dac, être parti de rien pour arriver à pas grand-chose. Parce qu'il y a au moins une chose dont je suis certain : toute existence est insipide si on s'applique seulement à la traverser en se contentant d'éviter les remous.

Comme dit l'adage : *« Il n'y a que les poissons morts qui suivent le courant. »*

En remontant le courant, elle n'est pas moins insipide, mais elle est plus distrayante, cette existence. Et franchement, à la fin, j'en aurai ri presque autant que pleuré. Match nul. Alors autant tenter les prolongations. C'est déjà ça. Au moins pour remercier Maman de m'avoir gardé quand même. Alors qu'au vu de la situation pourrie dans laquelle j'ai éclos dans son ventre, ma seule réelle perspective de mort acceptable, c'était l'avortement.

Plutarque avait raison :

« On ne naît pas pour exister, on naît pour vivre. »

Vivre, pour moi, c'est avancer passionnément, quoi qu'il m'en coûte. Appréhender chaque matin comme un nouveau départ. Trouver toutes les malices, tous les subterfuges, pour abattre mon pire ennemi : l'ennui. Me lancer des défis. Envisager mille projets, même si c'est pour n'en mener à bout qu'un seul. Et avant tout, quels que soient les intérêts financiers, ou l'espoir d'une gloire fugace, ne jamais me trahir. Rester moi-même.

Quand quelqu'un nous déçoit, on peut l'éloigner de notre espace. Si l'on vit sans respecter sa propre nature, on ne peut pas sortir de son corps. Et c'est cela qui nous déchire le plus. C'est pourquoi je me suis toujours appliqué, malgré les critiques et les a priori, à ne jamais m'écarter du plus sincère de moi.

Vivre, pour moi, c'est aussi lutter encore et encore. Ne jamais baisser les armes. Mais sans aveuglement. Sans foncer tête baissée dans un combat perdu d'avance. C'est éviter de me poser les questions auxquelles je sais que je n'aurai pas de réponse. Je fuirai toujours les moulins à vent. Mon héros, ce n'est pas Don Quichotte. C'est Cyrano de Bergerac.

C'est pour cela que dans ce livre, tu trouveras une vie faite de revers, d'injustices, de plaisirs, de défauts, de courage, de failles, de joies, de sacrifices, d'excès et de revanches. La protubérance nasale de Cyrano, c'est ma bâtardise, bien sûr. Elle explique tout. Et surtout, comme l'a dit Maman, le besoin de reconnaissance qui, parce que j'étais né personne, m'a fait m'exhiber pour tenter de devenir quelqu'un.

Dans la tirade des *« Non merci ! »*, il y a tout ce que tu vas croiser à la lecture de ce qui va suivre. *« Rêver, rire, passer, être seul, être libre, avoir l'œil qui regarde bien, la voix qui vibre. Mettre quand il vous plaît son feutre de travers. Pour un oui, pour un non, se battre ou faire un vers.* » Et surtout : « *Ne pas monter bien haut, peut-être, mais tout seul.* »

Renaître chaque jour, ce n'est pas « *grimper par ruse* », mais « *s'élever par force* ». C'est ne jamais céder à la flatterie par intérêt. Ne pas exécuter « *des tours de souplesse dorsale* » ni « *avoir la peau qui plus vite, à l'endroit des genoux, devient sale* ».

C'est accepter de ne pas être Christian, du moment qu'on peut, même dans l'ombre, déclarer son amour à Roxane.

C'est faire avec quand on ne peut rien faire contre.

Et c'est surtout, quelles que soient les embuscades, tout faire pour emporter avec soi à la fin de sa vie son bien immaculé le plus précieux, qu'aucun abandon, aucune compromission n'aura pu salir :

Le panache.

LA NOTORIÉTÉ

10 h 12. Le 30 janvier 2022.

La première balade en extérieur. La sortie de l'hosto. À petits pas incertains. Le ventre cisaillé par les séquelles du coup de sabre. Le teint glabre. La tête dans le brouillard pour cause d'opiacés antidouleur. Mais même avec le masque qui me mange la figure, la petite tape sur l'épaule :

— Vous êtes bien Patrick Sébastien ? Je vous ai reconnu à vos cheveux. On peut faire un selfie ?

— C'est-à-dire que là, c'est peut-être pas le moment. Je suis pas en état. Et pour dire la vérité, j'ai pas la tête à ça. Ou, si vous préférez, ça m'emmerde vraiment.

— D'accord. Mais vous énervez pas. En même temps, si vous voulez pas qu'on vous emmerde, vous avez qu'à pas être connu !

Ah, la notoriété !

Célèbre, je le suis. Même si je suis conscient qu'il n'y a rien de plus fragile que cette notoriété. Surtout aujourd'hui. Parce que l'époque moderne l'a noyée dans un flot d'autres *« célèbres »* de plus en plus nombreux grâce à la multiplication des médias. Et que finalement, on peut la résumer à une phrase, cette notoriété. Le cri de guerre des assaillants. Cette question qui la définit le mieux quand, au hasard d'un trottoir, je croise quelqu'un qui me reconnaît :

— Je peux faire une photo ?

Avant même de dire : « *Bonjour !* »

Pas de quoi parader. Le célèbre d'aujourd'hui est un selfie sur pattes. Un petit clic pour une bonne claque à l'ego. Une « *vedette* » classée au même niveau, dans l'album photo de l'iPhone, que miss Jambon de Bayonne, un coucher de soleil, un teckel, ou le moindre pékin dont la gueule s'est étalée sur un écran de télé ou une page de presse. Et même pas en marque d'admiration pour le flashé célèbre. Sur l'échelle de la collection, le cliché avec Louane vaudrait certainement moins qu'avec Marc Dutroux. La nature humaine est ainsi. Pas trop regardante sur le pedigree de l'animal du moment qu'on peut l'inscrire au tableau de chasse.

La notoriété porte donc en elle un inconvénient majeur : « *la volatilité* ». Une chute d'intensité qui entraîne soit l'oubli dans le pire des cas, soit, dans le meilleur, des efforts de chaque instant pour tenter de renaître. Pour toute personnalité tant soit peu connue, le passage obligatoire parfaitement raccord avec le titre de ce livre : *une renaissance quotidienne*. Rythmée par l'alternance des succès et des échecs, des critiques et des compliments, du découragement et de l'espoir.

Le marqueur le plus touchant de cette volatilité m'a concerné indirectement il y a quelques années. Cela pourra te paraître enfantin et dérisoire, mais dans mes rêves secrets d'adolescent, une entrée au musée Grévin était pour moi une Légion d'honneur. C'est arrivé. On a installé mon autre moi dans une loge de théâtre, à côté de la cire de Michel Serrault. Déjà une belle reconnaissance. Mais j'ai eu un gros pincement au cœur quand on m'a expliqué le processus traditionnel.

– Pour vous mettre là, on a été obligés d'enlever le personnage qui y était avant.

– Et c'était qui ?

– Romy Schneider.

Je te jure que ça m'a bouleversé. J'ai plus pris ça comme une injustice que comme un honneur. Une imposture, presque. Romy la légende, Romy l'éternelle. Une des actrices qui m'ont le plus fasciné. Pour moi, une star, une vraie. C'est à cette occasion que j'en ai encore plus pris conscience, de cette volatilité. D'ailleurs, cette emprise plus ou moins rapide de l'oubli inexorable sur nos gloires de façade m'a été confirmée il y a quelques jours seulement. J'évoquais avec une jeune femme de 25 ans cette anecdote du musée Grévin.

Elle m'a demandé :

– Romy qui ?

« Sic transit gloria mundi. »

Notoriété extrêmement volatile, donc. C'est pourquoi il est essentiel, dans toute réussite, pour amorcer une résilience éventuelle, d'anticiper sa fin. Ce que j'ai toujours fait. C'est pour cela que je ne suis pas plus blessé que ça quand les autographes que je signais pour les frères ou les mères, je les signe de plus en plus pour les grand-mères. Il arrive même, déshonneur suprême, que le petit-fils que tient par la main la mémé quémandeuse d'une photo demande :

— C'est qui le monsieur ?

Je m'appelle Patrick Sébastien, mon bonhomme. Né Patrick Boutot.

Ce n'est pas mon vrai nom. Ce n'est pas mon vrai *« moi »* non plus. Comme la majorité de nous tous. Parce que même si, comme la plupart, tu as gardé ton identité originale, en société, tu n'es qu'un avatar. Une projection. Il y a le *« moi »* réel et celui que l'on donne en spectacle. Volontaire ou forcé. Et ce spectre ne se limite pas à la couverture des journaux. Au smoking et à la robe du soir. Il y a aussi du marcel et des godillots. Le paraître, le faux-semblant en société, ça va de la reine d'Angleterre au clodo. De la star au balayeur. Une égalité sociale inattendue, finalement. Une mise à niveau universelle. Parce que personne au monde n'est vraiment ce qu'il montre.

L'omniprésence médiatique a fait de mon *« moi »* intime une projection un peu plus lumineuse que celle des autres. Mais bon, je n'ai fait qu'exacerber ce besoin d'exister et d'être reconnu que nous avons tous en nous.

Tout ça pour l'image de soi. Avec tout l'égocentrisme, toutes les compromissions, tous les mensonges que cela impose. Il suffit d'en être conscient pour ne pas trop se dévoyer, et à force de ne penser qu'à soi, faire fuir tous les autres. Un obstacle majeur à toute renaissance.

Le « *moi je* » a accouché de stars, de marchands de rêves inoubliables. Mais aussi de tant de drames, tant de crimes d'orgueil, tant d'oppressions, tant de dictateurs. Tout ça pour se regarder le matin dans la glace en étant le plus fier possible de ce qu'on est devenu. Et ainsi mettre des coups de canif plus ou moins importants au vivre-ensemble en parfaite tolérance.

« Le type qui a inventé les miroirs a fait un mal fou à l'humanité ! »

Je m'appelle donc Patrick Sébastien.

Je rêvais d'être un artiste et la notoriété a fait de moi une marque. Un emoji du quotidien. Une personnalité nationale, paraît-il. Un artiste populaire. Ancré dans la mémoire collective pour cause de stakhanovisme audiovisuel pendant de longues années. En toute humilité, évidemment. Vu que le jugement péremptoire de la majorité te ramène très vite à ce que tu représentes réellement pour elle.

— Sébastien ? Ah oui, le beauf ! Tu sais, le mec un peu *has been* qui fait tourner des serviettes avec des acrobates à la télé. Et puis qui parle de cul en disant que c'est que d'l'amour !

Voilà ! Deux phrases pour résumer cinquante ans de sunlights. Frustrant et réducteur. Mais bon ! Il vaut mieux être *« has been »* que pas *« been »* du tout. Je ne vais pas en faire des tonnes non plus. Ma célébrité n'est pas extravagante. Même si elle m'a offert quelques titres glorieux, je ne resterai ni dans les livres d'histoire ni dans les dictionnaires.

J'ai relativisé depuis bien longtemps cette gloriole. Elle est juste le petit marqueur d'une société qui vedettarise quelques-uns de ses clowns. Une sympathie ordinaire aimable pour un marchand de bonheur entre mille autres. La décalcomanie d'un visage familier. Sans idolâtrie excessive ni démesure. Si je m'étalonne à Martin Luther King, Stallone, Einstein ou Freddie Mercury, ma popularité représente par rapport à la leur ce que le petit pois en boîte bombée est à la sublime soupe d'artichaut de mon ami Guy Savoy.

Je ne vais surtout pas me plaindre. Le môme de 20 ans qui a débarqué de Brive gare d'Austerlitz en septembre 1974 n'imaginait pas le millième de ce qui allait se passer par la suite. Et pour cause. Une valise avec trois fringues et des boîtes de conserve. 600 francs (à peu près 100 euros) en poche. Tu rêves un peu de la lune, mais certainement pas de toutes ces étoiles.

J'en ai longuement parlé dans d'autres ouvrages, mais c'est important d'y revenir pour bien comprendre l'espace qui sépare la paix de l'anonymat du feu nourri de la notoriété. Ne serait-ce que pour avoir un début d'explication à la phrase que j'ai balancée à un ami fan qui souhaitait savoir où j'en étais de mon bilan de vie professionnelle.

Il m'a demandé :

— Et si c'était à refaire ?

Le plus sincèrement du monde, j'ai répondu :

— Si c'était à refaire, je le ferais faire par un autre.

Il a ouvert des grands yeux incrédules.

— Non, mais franchement ! Tu déconnes ?

— Absolument pas.

Maman intervient :

— Là, tu pousses un peu, mon petit. Ce que tu as réalisé est le plus beau cadeau que tu pouvais faire à la fille-mère que j'étais. Cette graine que « *l'autre* » n'a pas voulu reconnaître, tu en as fait la plus belle des fleurs. Tu te rends compte que tu as fait accepter à tout le pays et même parfois au-delà des frontières ce qu'un petit village rejetait.

— Oui, mais...

— Oui, mais quoi ?

— L'iceberg, Maman.

— Quel iceberg ?

— La partie immergée. La rançon de la gloire. Le prix à payer pour cette notoriété. Très cher, le prix. Je peux détailler si tu veux.

— D'accord. Mais il faut d'abord que tu récapitules le positif, la partie émergée. Les succès, la réussite dont je suis si fière.

— Tu sais bien que le catalogue *« Moi j'ai fait ça, regardez ma médaille »*, malgré ce qu'on peut penser, c'est pas vraiment mon truc. J'ai horreur des prix et des décorations.

— Il ne s'agit pas de prix. Il s'agit juste d'étaler ce qui est réel. Sans forfanterie, mais sans minimiser non plus.

— Faire la poissonnière, quoi ! *« Regardez comme elle est belle ma limande, et mes rougets, et… »*

— Non, mon petit. Je veux bien qu'après tu alignes tout ce qui t'a déçu, tout ce qui t'a blessé. Mais, pour que ton lecteur fasse bien la part des choses, il faut d'abord être honnête. Tu te rappelles les devoirs de philo : thèse, antithèse, synthèse ?

— Oui, Maman.

— Alors, étale bien les *« pour »* sans fausse modestie et, après, tu pourras parler des *« contre »*. Et le lecteur jugera si vraiment il aurait mieux valu le faire faire par un autre. De plus, ça lui permettra de la relativiser, cette notoriété.

— C'est aussi le but de ce livre, entre autres, Maman. Expliquer au tout-venant les avantages et les aléas du tout-brillant.

— Pour amorcer ou désamorcer ses velléités de célébrité au cas où il veuille en faire son Graal ? Pour éviter qu'il en meure avant que tu lui apprennes à renaître ?

— C'est ça.

— Alors, vas-y ! Le bilan d'abord. Le positif. Le beau.

— OK ! C'est parti !

Avec pour commencer une anecdote étonnante. Elle résume le plus magique de ma notoriété. D'autant qu'elle résulte d'une situation plus qu'improbable : Comment j'ai été responsable de la mort d'un homme avec les remerciements de son épouse !

17 h 30. Un mardi. Bry-sur-Marne.

La répétition du Plus Grand Cabaret du monde *avant l'enregistrement du soir est sur le point de s'achever. Tout s'est bien passé, malgré ma superstition. Dans nos métiers artistiques, la couleur verte est prétendue porter malheur. Ça vient du temps de Molière. Le produit qui servait à teindre certains habits en vert contenait du cyanure et certains comédiens en seraient morts empoisonnés. C'est ce que raconte la légende. Qu'elle soit vraie ou fausse, j'ai toujours été intransigeant sur cet usage.*

Pas de vert dans mes spectacles !

Ce jour-là, des acrobates s'étaient présentés sur scène avec des robes vertes. Évidemment, j'ai demandé qu'on les change. Malheureusement, les artistes, venus de Russie, n'en avaient pas d'autres. C'était ça ou annuler leur prestation. J'ai donc dû me résoudre à ce que le numéro se fasse avec ces tenues-là. En présageant qu'il allait sûrement y avoir un problème. Ce qui a fait sourire en douce mes assistants de plateau, imperméables à ce genre de prémonition.

— Arrête, Patrick ! C'est des conneries tout ça !

— Pas pour moi. On verra bien.

Je tremblais pour les acrobates qui faisaient un numéro très périlleux. Mais tout s'est parfaitement déroulé. L'occasion pour ceux qui se moquaient de ma superstition d'en rajouter une couche :

— Au bar, y a un artiste qui veut absolument un diabolo-menthe, on lui propose de la grenadine ?

La répétition est presque finie. Il ne me reste qu'à envoyer « Les Sardines ». C'est la première fois que je la chante dans l'émission. Tous les gens présents sont emballés par le titre. Les danseuses descendent dans la salle pour finir la fête au plus près du public, comme il est prévu de le faire le soir. Elles entourent un homme, ravi de l'aubaine, qui se démène du mieux qu'il peut malgré son embonpoint et son souffle un peu court.

Soudain, il s'écroule. On arrête la musique. Je me précipite. Il est livide et inconscient. Les pompiers vont accourir. C'est le cœur. Pendant plus d'une heure, ils vont tenter de le ranimer. Et puis ils vont le transporter à l'hôpital Sainte-Camille voisin. Il mourra quelques heures plus tard.

« The show must go on. »

Je t'avoue que présenter l'émission le soir a été particulièrement difficile. J'étais rongé par la culpabilité. Même si on me disait que l'homme avait des antécédents de santé qui présageaient ce genre d'accident vasculaire à tout moment. Pour moi, c'était ma chanson qui l'avait tué. Et en plus, j'y ajoutais l'exception que j'avais faite à ma hantise de la couleur verte.

Quelques jours plus tard, j'ai reçu un coup de téléphone inattendu. C'était la veuve de ce monsieur. Je ne te cache pas qu'au moment de décrocher j'étais plus qu'embarrassé. Comment m'excuser ? Comment atténuer ma part de responsabilité ?

Je n'en ai pas eu besoin.

Elle m'a dit :

— Je voulais vous remercier, monsieur Sébastien. Mon mari a eu la plus belle mort qui soit. De toute façon, il était fragile. Mourir dans ces conditions, c'est le mieux qu'il pouvait

lui arriver. Il adorait vos chansons. Il aimait aussi beaucoup les jolies filles. Alors, mourir en dansant sur votre musique entouré de vos plus belles danseuses, c'est formidable !

Si je ne devais garder qu'une photo témoin de toute ma carrière, je crois que ce serait celle-là. Celle de ce cadeau involontaire dans la plus terrible des circonstances. Le symbole de mon choix d'être avant tout un marchand de bonheur. C'est le chemin que j'ai choisi en toute connaissance de cause. Même si je n'envisageais pas tous les effets nocifs que la notoriété allait impliquer. Finalement, rien que pour des satisfactions comme celle-là, je suis plutôt content du voyage.

C'est vrai qu'il y a pire comme parcours !

Et que sur le papier, comme ça, on peut rêver mieux, mais c'est déjà beaucoup. D'abord le bilan global : partir insignifiant, sans armes et finir connu, reconnu, aimé, c'est déjà le top. Et même si c'est bassement matériel, à l'aise financièrement. Pas blindé, mais à peu près suffisamment à l'abri pour le temps qui reste.

Quel beau coup de baguette magique quand même ! À en désarçonner Stéphane Plaza. De la petite chambre de bonne de 8 mètres carrés quand je suis arrivé à Paris à mon vaste appartement de Boulogne et mon antre de 35 hectares à Martel d'où je t'écris en ce moment. Et surtout, parce que ma nature est d'une générosité génétique, quelle chance, grâce à la notoriété, d'avoir gagné de quoi arroser sans compter autour de moi !

Premier avantage qu'on détaillera plus loin.

Les autres points positifs maintenant.

Pour certains, je suis une référence, parfois un totem. Des aficionados qui juste à l'évocation de mon nom habillent leurs visages d'un immense sourire. Je suis le symbole, pour beaucoup, d'une France gaie, gauloise, généreuse, authentique. J'avoue que c'est assez agréable de se retrouver enchâssé dans la mémoire collective comme un diamant rustre. Mal taillé, un peu grossier, quartier plus que Cartier. Sympa, quoi ! Grande gueule, un peu crétin, mais bon enfant. Et surtout libertin et libertaire à l'envers de la bonne conscience castratrice en tout.

Bon, c'est vrai que je commence à sentir l'ancien, voire le ringard, dans mes codes vestimentaires, linguistiques, musicaux et gastronomiques. Chaque jour qui passe met un coup de vieux de plus à mes préférences. Mais il est hors de question que je sacrifie ce que j'aime au profit de ce qu'il serait de bon ton que j'apprécie. En même temps, pas de panique ! La majorité, même accro à la nouveauté, ne passe pas non plus son temps à écouter du Benjamin Biolay, en grignotant du bout des lèvres un curry de tofu et des poivrons à l'indienne arrosés d'un thé bio.

Au chapitre satisfactions profondes, il y a indéniablement le fait que j'ai fréquenté ou noué de réelles amitiés avec presque tout ce que le pays connaît de stars, de vraies légendes. Dans tous les domaines. Médiatique, sportif ou politique. J'ai eu l'infini bonheur de partager des instants rares avec Ventura, Morgan, de Funès, Lautner,

Depardieu, Brassens, Gainsbourg, Coluche, Hallyday, Cloclo, Balavoine, Lama, Sardou, Delon, Belmondo, entre tant d'autres.

Autour des tables de mon *Plus Grand Cabaret du monde,* j'ai accueilli, de Devos à Jean Yanne, les maîtres de l'humour de mon adolescence. Et de Monica Bellucci à Naomi Campbell, j'ai claqué la bise à mes fantasmes les plus secrets. Bardot qui, quand j'étais gamin, me semblait un astre inaccessible est devenue une amie. J'ai posé mes fesses de clown sur le canapé de l'Élysée de Mitterrand, Chirac, Hollande, Sarkozy. Et je continue encore à échanger des messages de 2 heures du matin avec Macron.

Sympa, l'aimable imposture, non ?

Entre mes imitations pendant vingt ans et mes chansons ensuite, j'ai soulevé des Olympia, des chapiteaux, des Zénith, des stades. Imprimant ainsi la mémoire de plusieurs générations. Ce qui a fait de moi un saltimbanque comblé quand, sur le quai de la gare d'Austerlitz, je me serais contenté de quelques cabarets comme unique titre de gloire. Quelle que soit la manière dont se terminera l'histoire, les rafales d'applaudissements des innombrables standing ovations seront sans doute le plus beau son de glas de mon départ.

Et puis, de Dupontel à Dujardin, Dany Boon ou Panacloc en passant même par Bruel et Céline Dion, j'ai été le marchepied de la carrière de certains des plus grands.

Des coups de flair mués en coups de pouce qui enjolivent évidemment ma propre réussite.

Quand Jean est allé chercher son oscar pour *The Artist*, une lueur de fierté s'est allumée sur mon canapé de Martel, au fin fond du Lot, à mille lieues des acclamations du Tout-Hollywood. En modeste Pygmalion, j'en ai pris une part pour moi. Et l'un des messages qui m'ont le plus touché récemment a enrichi un peu plus cette infinie fierté. Après avoir reçu sept César pour *Adieu les cons*, Dupontel m'a écrit :

« Tout est parti de toi quand tu m'as sorti de ma chambre de bonne pour me donner la chance de m'exprimer. »

Merci donc à la notoriété qui m'a autorisé ces coups de pouce dont d'ailleurs les bénéficiaires sont reconnaissants presque à l'excès. Même en minimisant les effets de mon aide de départ sur leur carrière, je suis conscient qu'une part de leur succès enrichit un peu plus le mien. Donc, me prolongera bien après ma mort. Puisque j'existerai encore un peu quelque part dans ce qu'ils produiront. Et ça, c'est une réelle satisfaction.

J'ai écrit des pièces de théâtre, des téléfilms, et je les ai joués avec succès. Et puis des livres, bien sûr, comme celui-là. Le plus bel aboutissement de mes espoirs estudiantins de devenir professeur de lettres, quand je n'étais qu'élève au lycée Cabanis de Brive. Ce qui doit ravir, outre-tombe, ma première institutrice de Juillac. Au début de ma carrière, quand mon succès se limitait à quelques imitations, elle m'avait dit :

– C'est bien, mon petit Patrick. Mais moi je sais que tu vaux bien mieux que ça. N'oublie pas d'écrire. Tu es d'abord fait pour ça.

Je crois qu'elle avait raison. Parce que pour moi, l'humaniste chronique, seule l'écriture peut offrir un tel privilège de partage. Quoi de plus intime, de plus privé pour quelqu'un qui est passionné par le genre humain que ce rapport aussi étroit ? On peut regarder un spectacle, un film, un concert, un match à plusieurs. Un lecteur n'acceptera pas qu'on vienne lire par-dessus son épaule. Je sais qu'il n'y a personne au-dessus de la tienne, qu'on est vraiment en tête à tête, et cela me comble.

Et bien sûr, je suis ancré dans la mémoire de millions de gens à coups d'émissions de télé parfois légendaires. *Le Grand Bluff* reste le record absolu d'audience, hors football. J'ai créé *Le Plus Grand Cabaret du monde* qui, au-delà de l'exposition des plus grands numéros de la planète, reste une référence internationale. Au dernier réveillon que j'ai présenté, ils étaient 70 millions à le regarder grâce à TV5. Pas mal pour le petit bonhomme en bleu ! Et puis, cette émission est une madeleine de Proust pour une foule de minots coincés chez papy-mamy le samedi soir au début des années 2000.

On peut y ajouter tout ce qu'il y a eu avant. En trente ans, pas un mois sans que ma gueule soit venue s'installer le samedi soir dans la télé du salon. Des centaines d'heures d'intrusion festive, et surtout de création. Alors, conséquence logique, aujourd'hui, il ne se passe pas un jour sans que je croise dans la rue un regard qui s'éclaire. Qu'un gentil tout ému ou qu'une bienveillante nostalgique m'apostrophe :

— Quel plaisir de vous voir en vrai ! Vous êtes toute ma jeunesse.

C'est d'ailleurs cette aventure cathodique qui est le marqueur le plus puissant de ma notoriété. Même si c'est loin d'être celui dont je suis le plus fier. Pour beaucoup, je ne suis que le mec de la télé. Celui que certains appellent encore Patrick Sabatier. C'est dire à quel point ce moyen de communication reste un curseur flou et improbable. C'est un des inconvénients de cette télé. Elle n'est le centre du monde que pour celui qui la fait. C'est pour cela qu'on y trouve tant d'ego démesurés. Le mien en a pris sa part. Heureusement, Maman était là pour en réduire les boursouflures.

Quand je lui ai annoncé, triomphant, que *Le Grand Bluff* avait été vu par plus de 17 millions de téléspectateurs en France, elle m'a ramené à la réalité :

— Bravo ! Mais ça en fait 40 millions qui ne regardaient pas !

Par bonheur, mes autres activités multiples m'ont permis de ramener cette surexposition à des proportions humaines. J'ai tendance d'ailleurs à ne la remercier que pour ça, cette télé. De n'avoir été que le lien de vous à moi pour me permettre de remplir des salles où j'ai pu donner libre cours à ma vraie passion : faire le saltimbanque sur une scène. Et je l'ai fait avec un plaisir inouï jusqu'à l'overdose.

Après vingt ans d'imitations à guichets fermés, j'ai inondé les événements festifs, mariages, anniversaires, de chansons faciles en apparence, mais incontournables. Il est de bon ton de les moquer, ces serviettes qui tournent, ces sardines en boîte, ce petit bonhomme en mousse obsédant. Mais elles existent, ces rengaines à deux balles. Bien plus difficiles à écrire qu'un texte léché sur l'amour en vrac, ou le massacre écologique.

« Et on fait tourner les serviettes, comme des petites girouettes ! »

— Quelle daube ! s'insurge le puriste. Comment peut-on appeler chansons des mélodies sur deux accords, accompagnées de paroles aussi vides de sens ?

Vides de sens ? Je ne crois pas. Il leur reste au moins celui de la fête. Et qui sait si leur mission de détente et d'oubli de la réalité n'a pas valeur d'anxiolytique ? Et non seulement ces chansons existent, mais elles perdurent. Il y a de l'éternité dans un tube à cotillons, parce que le goût de la fête est universel et immortel. C'est pour cela que non seulement je n'en ai pas honte, mais j'en suis très fier.

Pour ce qui est des satisfactions, voilà à peu près résumé le professionnel. L'intime, maintenant.

Il est indéniable qu'un des plus grands avantages de la notoriété, c'est le confort. L'aisance qui fait fantasmer tous les gamins pauvres. Parce que c'est bien à cette notoriété que je dois l'écart entre les murs étroits de ma chambre d'ado et les suites spacieuses des hôtels de luxe. T'imagines ! Petit, à Juillac, au fin fond de la Corrèze, ma grand-mère me lavait debout sur la table dans une bassine d'eau froide. Dans ces hôtels-là, je pourrais presque faire des longueurs dans la baignoire. Avec le statut de VIP qui améliore considérablement la bienveillance du service.

— Allô ? Je sais qu'il est tard, mais j'ai une faim de loup. Je pourrais avoir une omelette au jambon ?

— Normalement non, mais pour vous monsieur Sébastien, pas de problème.

J'avoue que j'en ai largement profité. Hôtels cinq étoiles, voiture puissante, résidence d'été, tables de casino. Sans démesure indécente, mais le plus agréablement possible. Et sans états d'âme. Même pas quand je payais une addition sans en regarder le montant. Même si aujourd'hui, il vaut mieux que je vérifie, pour cause de presque fin de parcours et d'avenir incertain. Ben oui ! Ça plombe sérieusement la tirelire, les divorces.

Et puis, comme je te le disais plus haut, ce confort matériel m'a surtout permis d'offrir à beaucoup leur part du gâteau. Parce que profiteur oui, mais généreux à outrance. Et là, je pense surtout à Maman et à celui qui m'a élevé. Jusqu'à 40 ans, ils avaient baguenaudé de location en location. Je leur ai permis de partager avec moi l'antre d'où je t'écris aujourd'hui. Rien que ça, ça efface bien des vicissitudes de cette notoriété dont je vais te parler plus loin.

— Merci mon petit, me murmure Maman. Mais, tu sais, même si tu ne nous avais pas fait profiter de ton succès, on t'aurait aimé pareil… C'est tout ? Tu as terminé la liste des *« pour »* ?

Pas encore. Si je veux être complet, il faut que je m'arrête aussi sur les passe-droits qui vont de pair avec toute célébrité. Ceux qui font éviter des salles d'attente, des queues au guichet. Ils simplifient les réservations. On finit presque toujours par avoir de la place dans un restaurant complet. Et parfois même cette célébrité te permet d'être hors la loi par bienveillance.

Allez, juste une anecdote pour illustrer, puisqu'on a le temps.

Mais avant de te la raconter, il faut que je fasse une mise au point par rapport à la critique que je sens poindre. L'accusation. Le délit d'injustice. L'aigreur du Français tout juste moyen qui commence à sentir le fiel.

— Alors comme ça, vous pouvez tout vous permettre, vous les connus ? Vous vous gavez bien. Et non seulement vous avez tous les privilèges de votre sale fric, mais en plus vous passez au-dessus des lois. Et pendant ce temps-là, nous, les anonymes, on rame et on dérouille !

Alors d'abord, mon fric n'est pas sale. Il n'y a pas une seule parcelle de mon confort que je n'aie payé de ma sueur. Qu'on me sépare bien de ceux qui sont nés avec une cuillère d'argent dans la bouche. Ce que j'ai acquis, je ne l'ai volé qu'à mes heures de travail. Et pour ce qui est des passe-droits en tout genre, je ne vois pas pourquoi j'y aurais renoncé, puisqu'on me les proposait. Y compris quand le franchissement d'une ligne jaune ne me valait comme sentence qu'un selfie avec la gendarmerie routière. Tu ferais comment, toi, si on t'en offrait l'opportunité ?

Le grand Coluche avait résumé ça d'une phrase magnifique :

« Les rêves des pauvres ne sont pas si éloignés que ça des réalités des riches ! »

Ah ! si cette phrase pouvait alléger la souffrance des plus aigris ! Mais ça aussi, on en reparlera. Allez, l'anecdote en attendant.

22 h 30. Mars 2004. Autoroute A71.

À la suite d'une émission particulièrement réussie, Chirac président m'avait laissé un message sur mon répondeur. Des compliments, des bravos chaleureux et même, en fin de discours, l'affirmation que je faisais du bien à la France. Exagérément patriotique. Merci Jacques.

Double merci d'ailleurs, parce que je me suis dit que ce message pourrait m'être diablement utile. J'ai eu une idée qui, à la base, tenait de la farce, mais dont la mise en œuvre m'a été particulièrement salutaire. J'ai copié le message sur un CD que j'ai mis dans ma voiture. Ainsi, quand la police m'arrêtait pour excès de vitesse, à peine la vitre baissée, j'enclenchais le CD, en faisant croire que c'était un appel en direct.

— Attendez deux secondes monsieur l'agent, je termine un coup de fil avec le président.

Ça a fait bingo deux fois.

— Bon, allez, c'est bon pour cette fois, monsieur Sébastien, mais soyez prudent !

La troisième fois, ça n'a pas marché du tout.

— C'était le président ou une imitation ?

— C'était le vrai. C'est un ami.

— Alors, la prochaine fois que vous l'aurez au téléphone, dites-lui qu'on en a plein le cul ! En attendant, sortez vos papiers, qu'on établisse le PV. Eh oui ! Il faut savoir choisir ses amis.

La quatrième fois, c'est la plus parlante, pour illustrer les avantages de la notoriété. 159 à l'heure au lieu de 130. Gyrophare sur l'autoroute et sortie obligatoire avec escorte. Scénario annoncé. Je me gare, j'ouvre la vitre et j'enclenche le CD. Le gendarme écoute tranquillement avec un petit sourire en coin. Et il me montre l'appareil où est inscrite ma vitesse, et il dit le plus calmement du monde :

— Vous voyez le chiffre, là : 159 pour 130 ?

— Je sais.

Il appuie sur un bouton et le 159 disparaît.

— Et voilà, y en a plus !

Je souris, ravi que mon subterfuge ait marché une fois de plus. Et là, il se penche à la vitre et me dit en souriant :

— C'est pas grâce au coup de fil. Moi, Chirac, je m'en bats les couilles. C'est juste que mon fils de 8 ans est fan du Plus Grand Cabaret du monde. *Si je lui dis que j'ai aligné Patrick Sébastien, il me parle plus pendant un mois !*

Ça s'est terminé par des invitations à l'émission. Alors, oui ! Dans ces cas-là, vive la notoriété ! Et tant pis pour les grincheux. En cas d'orage, c'est toujours mieux si on peut passer entre les gouttes, non ? Si, même à ton échelle d'anonyme, tu en as la possibilité, n'hésite surtout pas.

Un des autres grands avantages de la notoriété, c'est évidemment la facilité accrue de séduction et de conquête. Et là, l'ado boutonneux et complexé que j'étais ne la remerciera jamais assez, cette notoriété. Parce que, pour le coup, j'en ai usé et abusé.

Et ce serait mentir que de te dire que je n'en use plus. Et à mon âge, d'autant plus. Parce que sans cette image de marque, je pense que l'anonymat me priverait aujourd'hui de bien des aventures. Et ne commence pas à faire des bonds en hurlant au harcèlement tant d'actualité. Mes anges de passage sont non seulement consentantes mais demandeuses. Nos relations ne souffrent d'aucune ambiguïté malsaine. Mais je dois bien reconnaître qu'une gueule identifiable au premier regard facilite bien les choses.

Je sais que ça peut choquer certains ou certaines que je m'en rassasie à ce point, mais on a dit qu'on mettait les pendules à l'heure, alors autant les mettre à l'heure exacte. Attention ! N'imprime pas non plus l'image du vieux pervers qui échange un moment de grâce contre une photo dédicacée. C'est bien plus subtil que ça. Bien plus sincère aussi, malgré les apparences. Des passades souvent, mais agrémentées toujours de vrais sentiments et d'un réel respect réciproque.

Alors, je résume, avant de verser dans la forfanterie :

Oui, la notoriété m'a offert bien plus de conquêtes que j'aurais pu en imaginer. Oui, la célébrité est un aimant. Oui, elles aiment certainement plus Patrick Sébastien que le Patrick Boutot que j'étais avant le pseudonyme. J'avoue que c'est un peu frustrant. Avec une nuance tout de même. On avait posé la question à Pierre Palmade :

— Ça ne vous dérange pas que, lorsque vous avez une aventure, ce soit plus avec l'affiche de Pierre Palmade que ce que vous êtes vraiment ?

Il avait répondu :

— Mais je suis Pierre Palmade. Et je me suis assez emmerdé pour le devenir. Il manquerait plus que je n'en profite pas !

Pour terminer, au tableau des *« pour »*, je suis obligé d'inscrire la ferveur. La bienveillance dont j'ai tant de témoignages à chaque coin de rue. La reconnaissance. La belle revanche du bâtard. Tous ces sourires aimables, ces yeux doux, ces *« merci »* que je reçois régulièrement. Avec un supplément cadeau depuis quelque temps. On me dit de moins en moins : *« Merci pour ce que vous faites. »* Et de plus en plus : *« Merci pour ce que vous êtes. »* Et ça, ça me touche au plus haut point. Et je te passe ceux qui ont appelé leur gamin Sébastien à cause de moi. Et même certains qui ont fait tatouer ma gueule sur une partie de leur corps.

Franchement, elle vaut le coup, cette notoriété, non ?

— Tu vois, quand tu veux ! me dit Maman. Pour le coup, avec tous les *« pour »* que tu viens d'énumérer, il est plus qu'à moitié plein, le verre. Je dirais même qu'il est rempli presque à ras bord.

— Attends quand même que j'étale les *« contre »*.

— Bien sûr. Mais je ne vois pas comment dévaloriser ce bilan-là au point de tout regretter, comme tu le prétends. Mais bon, vas-y ! Lance-toi.

— Je vais faire une pause avant. Je souffre. Il faut que j'aille prendre un antidouleur. Attends-moi, je reviens.

3 h 15, le 20 février 2022. Martel.

Dehors, le vent, la pluie, le froid. Je suis seul. Infiniment seul. Mes vraies bagarres, j'ai toujours eu à cœur de les livrer sans l'aide de qui que ce soit. Un peu plié en deux par la balafre, le clown commence à retrouver une allure presque normale. Malgré les deux grosses chaussures qui lui plombent le cœur. La douleur et l'éloignement des plus proches. Il y a des nuits comme ça. Comme un puits sans fond. Où même au plus grand cri d'abandon ne répond aucun écho. Toi aussi, tu as connu ça, forcément.

Dans l'armoire, le Dafalgan. La gélule est cylindrique et rouge sang. Comme une balle dans une tête. Ça tombe bien : juste à côté brille la crosse du 9 mm. Il me fait encore de l'œil, le « luisant ». C'est comme ça que je l'appelle. Non, non ! Toujours pas. Même si la situation est propice. La solitude, la grisaille, les deuils, la lassitude d'un monde que je vois à la télé se déliter un peu plus chaque jour, l'âge du déclin, le ventre qui tord affreusement.

D'autant plus avec ce que je viens d'écrire. Les années bonheur dont j'ai aligné les privilèges il y a quelques lignes. Une vie pleine qui m'a gâté plus que de raison. C'est vrai qu'arrêter là ferait une belle fin. Quitter la piste avant la vraie déchéance. Avant les brisures définitives du corps et les pires dégoûts de l'âme. Quand tu as fait un repas foie gras, homard et vin millésimé, ce serait stupide de finir au dessert avec une compote aigre et des madeleines de six mois qui s'effritent, non ?

— *Alors ? me relance le « luisant ».*

— *Alors, c'est toujours non.*

— *Et un petit coup de roulette russe ? Une alternative au fait que, comme tu l'as dit, tu n'as pas les couilles. Pour le panache. Tu gagnes, tu continues ; tu perds, ça veut dire que le destin auquel tu crois tant a pris la décision à ta place.*

— *Impossible avec toi, tu n'as pas de barillet.*

— *Un pote qui en a un, c'est facile à trouver.*

— *Tu sais me prendre par les sentiments, toi. Tu le sais, que je suis un joueur invétéré. Mais c'est toujours non. Même si je te promets que je vais y penser. Allez, je te laisse. Je retourne à mon ordinateur. Maman m'attend.*

C'est parti pour l'antithèse.

Les « *contre* » de la notoriété.

D'abord, être connu, c'est se balader en permanence avec un masque de soi-même. Pour le philosophe médiatisé, le regard profond sous des sourcils froncés. Pour la starlette, la bouche refaite semi-ouverte et les yeux luisants de sous-entendus érotiques. Pour le chef étoilé, une bonhomie appétissante. Pour le politique star, la sympathie avenante obligatoire sur un fond de sérieux et de responsabilité.

Et qu'importe si dans l'intimité le philosophe est un plaisantin. Si la starlette est en burn out existentiel. Si le chef étoilé en a assez de faire rimer ses casseroles avec son cholestérol. Et si le politique échangerait bien le poisseux d'un serrage de main sur le marché d'Aubervilliers contre le gras d'une couche de monoï au soleil de Papeete. Aux frais de l'État, cela va de soi !

Mon masque à moi est un masque de carnaval. Le sourire obligatoire. Pour tous, je suis un gai, un fêtard, un léger, un rigolo. Alors, quels que soient les orages intérieurs, il faut afficher plein soleil. Sinon, la torpeur légitime te transforme en suffisant, en désagréable et, bien évidemment, en grosse tête. Et c'est là où ça coince souvent.

Je me souviens d'un arrêt dans une station-service pour un besoin pressant. À la sortie, la réflexion d'une dame dans mon dos :

— Il est pas sympa. Il sourit pas. Il pourrait au moins être aimable. À la télé, il est payé avec nos sous !

Et l'envie de retourner sur mes pas, et de me lâcher :

— Eh non, je souris pas, connasse ! J'avais envie de pisser. Ça m'arrive souvent. Le trop-plein. Peut-être parce que des gens comme toi, j'en ai plein les burnes !

Vulgaire, agressif, inutile. Je ne l'ai pas fait, bien sûr. Mais combien de fois, le cerveau embouteillé par des soucis privés, il faut composer, s'obliger. Quelle que soit la situation, on se force au contre-emploi. Il y a des jours où l'obligation de ce contre-emploi est plus que pesante. Il lui est même arrivé d'aller jusqu'à l'ignoble. Le lendemain de la mort de mon fils Sébastien, à moto à 19 ans, quand j'ai refusé de répondre à un journaliste du quotidien local, il a écrit :

« L'accident est dramatique, certes. Mais ce n'est pas une raison. Quand on est un personnage public, c'est bien beau de profiter des avantages, mais on doit aussi en accepter les contraintes. Ce public dont on claironne qu'on l'aime tant, on ne doit pas lui refuser l'information. »

L'enculé ! Y a pas d'autres mots !

Enfin si, il y en a d'autres, mais c'est celui-là le mieux adapté.

Depuis l'apparition des réseaux sociaux, tout ça s'est multiplié. Aujourd'hui, la notoriété t'oblige, au-delà du sourire avenant, à être précautionneux en tout. Le moindre de tes comportements, une phrase maladroite, peut te faire exploser en vol en quelques minutes. Les exemples pullulent. Les tribunaux populaires peuvent te condamner sans l'ombre d'un procès. La lie de la nature humaine. La vengeance des médiocres qui n'acceptent pas que d'autres aient réussi là où ils échoueront toujours.

C'est qu'ils ont de l'appétit, les voraces ! Vautours, ils fondent comme une pierre sur la moindre antilope qui fait un faux pas. Sur le moindre pachyderme qui a mis le pied dans un marigot un peu glauque. Putain de savane ! Abandonnée aux chasseurs de gros gibier. Et l'horrible sensation, pour le *« célèbre »* en liberté surveillée, d'avoir un viseur collé dans le dos en permanence. Et eux, le doigt collé sur la gâchette, prêts à défourailler à chaque instant.

Mais bon, c'est la marche du temps. Jamais l'adage *« Pour vivre heureux vivons cachés »* n'aura été aussi vrai. Le problème, dans mon cas, c'est que vivre caché m'ôte toute possibilité de continuer à exercer ma passion. C'est une lapalissade. Pour plaire au public, il en faut un.

Et puis, il y a mon *« image »*, bien sûr. La caricature du beauf de service que j'ai largement entretenue, je l'avoue. À grands coups de *« putain, c'est génial ! »*. C'est vrai que j'y suis allé fort dans le popu France profonde. La main sur la braguette et le verbe gras. La sentence rurale et la fringue de cantine. Jamais en retard d'une vanne paillarde ou d'un éclat de voix sans distinction. Il m'est même arrivé non seulement de reconnaître mes fautes de goût, mais bien plus, de penser que j'en étais une à moi tout seul.

Mais même si j'accepte l'outrage, tout cela est si loin de ce que je suis vraiment. Cultivé où on me dit primaire. Réfléchi où on m'imagine impulsif. Solitaire où on me croit grégaire. Tu le sais bien, toi, mon lecteur fidèle. Ma façade est autant de strass que mon intérieur hait les guirlandes. Je n'aime rien tant que les repas à deux, les partages philosophiques, la curiosité des méandres de l'histoire, les questions graves auxquelles je cherche sans cesse des réponses. Le calme, les mots doux, l'ésotérisme. Et poète avant tout. D'ailleurs, au fil de ce livre, je laisserai parfois échapper quelques alexandrins. Au hasard. Juste pour le plaisir des mots et de la rime.

Comme ceux-ci, par exemple :

J'aime que mes amis sentent l'intelligence
De leurs mots parfumés respirer la fragrance
Et à l'aigre relent écœurant des outrances
Je préfère le parfum délicat des nuances.

Eh oui ! Je sais que je suis capable de tant de mieux qu'il m'arrive parfois de me demander pourquoi je me suis tant laisser aller au pire.

Un observateur neutre pourrait me dire :

— Personne ne t'a forcé non plus à être inconsistant. Si tu avais les moyens d'être profond, pourquoi as-tu choisi le superficiel ?

Au début, par facilité. Et par la suite, le confort, la griserie de la vie à 100 à l'heure ont fait le reste. Je me suis dit :

— Puisque j'ai la foule, pourquoi la sacrifier à une élite, flatteuse pour mon ego, mais peu nombreuse, moins rentable et surtout moins chaleureuse ? Pourquoi sauter du bateau en marche quand il vogue au soleil en pleine mer ? Et puis, ne serait-ce que pour ne pas renier d'où je viens ? Je suis né avec des fanfares, qu'ai-je à gagner à basculer dans le symphonique ?

Alors j'ai cultivé la frénésie de l'insouciance creuse sans autre ambition que le bonheur immédiat. Les élans faciles, les fiestas paillardes, les enthousiasmes de fin de banquet, ça n'enrichit pas *La Critique de la raison pure*, mais qu'est-ce que ça fait du bien ! J'ai sacrifié mon sérieux sur l'autel de la déconne facile et de tous les bras ouverts qu'elle engendre. J'ai préféré les étreintes aux astreintes. Les plaisirs, les bravos primaires m'ont saoulé.

Et l'image avilissante est devenue ma gueule de bois permanente.

La clique raisonnable a accolé à mon nom à peu près tout ce que la langue française comporte d'adjectifs réducteurs ou insultants. Ajoute à ça la descente en flèche de mon langage, mes tenues et mon physique évidemment. L'association des clowns bons vivants n'existe pas, hélas ! C'est bien dommage. Parce qu'elle passerait son temps à intenter des procès. Il m'arrive souvent de regretter de ne pas appartenir à une minorité visible. Tant pis ! Je fais avec, en continuant à ne pas me trahir. Ma renaissance perpétuelle est d'être tous les jours plus fier d'appartenir à la minorité risible.

Mais bon, en même temps, il n'y a pas mort d'homme. Et donc, avec le temps, je m'en suis accommodé. L'insulte est devenue routinière. On s'habitue à tout, même au pire. Mais ce serait mentir que de te dire que chaque flèche décochée ne m'a pas blessé. Le plus douloureux, c'est que par ricochet elle a aussi touché mes enfants. Parce qu'il est de tradition que la vox populi imbécile fasse payer aux descendants l'hérédité au prix fort. La paternité qu'on voulait un étai devient un étau. Et ça, j'ai du mal à me le pardonner. C'est aussi beaucoup pour ça qu'il m'arrive si souvent de haïr ma notoriété.

Cette notoriété a également falsifié toute amitié. À partir du moment où tu es une affiche, comment savoir qui t'aime réellement pour toi ? Même avec des preuves, il subsiste toujours un fond de suspicion : qui sont les sincères, qui sont les Tartuffe ? Comme pour vous tous, évidemment. Mais amplifié par l'auréole médiatique. Il n'est d'ailleurs que de subir une baisse d'intensité des sunlights pour voir certains profiter de l'ombre pour s'enfuir. Et corroborer ainsi un de mes aphorismes préférés, que j'ai inventé une nuit de désertion :

« *Je compte mes vrais amis sur les doigts de la main que les faux me passent dans le dos !* »

C'est le lot de toute célébrité. Exemple :

23 h 30. Juin 2001. Un restaurant à la mode à Paris.

J'y suis en ordinaire, au milieu d'une soixantaine d'autres clients lambda. Dans une pièce à part, Johnny Hallyday fête un anniversaire. Un aréopage d'une trentaine d'« amis » l'entoure. La cour du roi. Invités au festin sur simple présentation d'une carte de flatteur officiel. Des plats raffinés, des rires et de l'alcool. Beaucoup d'alcool. Beaucoup trop. Surtout pour le « taulier ». D'un coup, je le vois débouler seul, titubant au bout de la grande salle. Il cherche les toilettes.

La suite a été pitoyable. Il tanguait entre les tables. Il est tombé trois fois, sans que personne ose intervenir. Complètement déchiré. Les clients en souriaient. J'en aurais pleuré. Pantin ridicule, le dieu du Stade de France était devenu la vedette minable d'un spectacle de fin de banquet de mariage. C'est tout juste si les spectateurs de cette mascarade n'applaudissaient pas à chaque chute. On sentait dans toute l'assemblée ce mélange de pitié largement dépassée par la fierté d'assister à de l'événementiel. Johnny bourré ! Tu parles d'un moment légendaire à raconter autour de soi.

Mais le pire, c'est que pas un de ses prétendus « amis » autour de la table d'anniversaire n'est venu à son secours. Pas un n'a posé sa coupe de champagne pour aller aider celui qui la lui payait. Pas un ne s'est précipité pour le prendre par le bras en lui disant :

— Allez, ça suffit maintenant ! Là, tu n'es plus une légende, tu es un poivrot lamentable. On n'a pas le droit de te laisser t'avilir à ce point.

Pas un. Personne. Quitte même à ce que l'idole le prenne mal et qu'il répudie sur-le-champ l'intervenant. Je pense même que c'est cette appréhension de ne plus faire partie de l'aréopage qui les a retenus. C'est ça, des amis ?

Pas pour moi, en tout cas. Et ça me renvoie à la phrase que m'avait balancée Coluche un soir où je l'avais ramené chez lui rue Gazan. Son antre rempli de potes qui profitaient de tout. La piscine, les flippers, le bar, la bouffe, la coke.

Je lui avais dit :

— Moi, je pourrais pas.

Il m'avait répondu :

— J'ai pas d'amis, alors je me les paye !

Je ne sais pas s'il le pensait vraiment.

Mais cette phrase résume tout ce que la notoriété peut enlever à la sincérité. À partir d'une certaine dose de célébrité, plus on est entouré, plus on est seul. Parce qu'on sait bien que, le plus souvent, on n'est que le faire-valoir de ceux qui nous cernent. Qu'on n'est qu'une succursale de banque. On invite, on fait des cadeaux. On prête à taux zéro de l'argent qu'on ne nous rend jamais. On se pose des questions, bien sûr. Mais la flatterie est maniée avec une telle habileté que même le plus vigilant d'entre nous finit par se faire prendre.

Alors, par paresse, fatuité ou aveuglement, on continue d'entretenir la cour. Mais tout au fond de soi, on se recroqueville, on s'isole. Et ce mal-être confus nous pousse dans la plupart des cas vers les béquilles artificielles. Alcool, médicaments, came. Beaucoup y tombent. Quelques-uns s'en relèvent. D'autres n'y ont pas survécu. Détruits par les overdoses, les maladies chroniques, la défenestration ou la balle dans la tête.

Tiens, le revoilà, le « *luisant* » ! À une époque, je le prenais en liquide. Pendant plus de dix ans, j'ai choisi en toute conscience le suicide à long terme. À grands coups de rasades de whisky. Et ce sont souvent les faux amis qui ont rempli la plupart de mes verres. Soit réellement. Soit parce que ces soutiens bancals m'ont inspiré un tel dégoût de moi-même qu'il fallait bien que je le noie dans quelque chose.

Attention ! Je ne dis pas que tous ceux qui nous entourent sont des fourbes. J'ai de vrais amis, par bonheur. Peu nombreux, mais essentiels. Ils se reconnaîtront. Mais quand même. L'aura du succès est le plus sucré des miels pour attirer les mouches. C'est le plus souvent en cela que toute notoriété est poisseuse. Et ce qui s'applique à l'amitié va de pair avec l'amour. Laquelle des femmes de ma vie a été vraiment sincère ? Je ne le saurai jamais, hélas ! Je n'accuse pas, je doute.

Sûr que certaines qui liront ces lignes vont pousser des hauts cris.

— Alors, c'est ça ? On n'était là que pour le fric et la photo ? Là tu déconnes, Patrick. Tu déconnes vraiment. Est-ce que tu peux aussi imaginer une seconde qu'on a été sincères ? Sincères et dévouées, au cas où tu l'aurais oublié. Parce que vivre avec un artiste, c'est tout sauf une croisière de luxe. Il faut encaisser les doutes, les colères, la schizophrénie. Et, en ce qui te concerne, l'infidélité chronique.

Au temps pour moi. Je plaide cent fois coupable. Comme je te l'ai décrit dans les « *pour* », la célébrité est un aimant à aventures dont j'ai largement profité. Pas étonnant que toutes mes vraies histoires aient fini par capoter. Que mes foyers aient fini par perdre la chaleur, le réconfort. Bien fait pour ma gueule ! J'aurais mieux fait de méditer un peu plus la sentence que j'ai inventée un soir de lucidité :

« *Quand tu remues trop ta queue à l'extérieur, ne t'étonne pas en rentrant s'il n'y a que ton chien qui remue la sienne !* »

Ce sera le dernier de la liste des « *contre* » :

Le regret d'une autre vie sentimentale. Apaisée. Tranquille. Responsable. En père modèle. Ce que je n'ai jamais été, hélas ! Pressé par le temps. D'un égoïsme familial affligeant. Oui, si c'était à refaire, je le ferais faire par un autre. Et je vivrais à la seule lumière d'une épouse réconfortante et désintéressée à qui j'offrirais la tendresse et le respect qu'elle mérite. Je vivrais au soleil d'enfants qui ne seraient pas des « *enfants de* ». Ce qui les sauverait d'une foule de tracas et de fausses routes. La notoriété m'a privé de cette vie-là, mais c'est moi qui l'ai choisie. Je suis seul responsable. Et je le regrette profondément.

Voilà, Maman. J'ai fini.

— Je peux comprendre, soupire-t-elle. Mais je maintiens mon premier jugement. Et je pense que la plupart de tes lecteurs seront de mon avis. La liste des *« contre »* me paraît largement inférieure à celle des *« pour »*. D'ailleurs, tu l'as exposée plus brièvement.

— Ça ne veut rien dire. Le volume n'en fait pas l'intensité.

Et là, elle hausse le ton.

— Ah si, ça veut dire quelque chose ! Ça veut dire que quels que soient les revers, je trouve tes états d'âme à la limite de l'indécence.

— L'indécence ?

— Ah oui ! As-tu oublié à ce point le peuple d'où tu viens ? Celui qui bosse, qui subit, qui passe toute une vie à courber le dos pour ne même pas profiter du millième des plaisirs que ta notoriété t'a donné la chance de t'offrir ? Pour moi, pleurer la bouche pleine, c'est plus qu'un caprice : c'est une insulte.

Elle n'a pas tort. Combien seraient-ils à accepter les *« contre »* sans états d'âme pour pouvoir jouir de même seulement la moitié des *« pour »* ?

— D'accord, Maman. Tu as raison. Mais s'il y a de l'indécence, elle est bien involontaire. Elle masque surtout la pire des culpabilités, dans laquelle ma notoriété a une réelle responsabilité.

— Laquelle ?

— Quand Sébastien s'est tué à moto, on était en tournée ensemble. Il était technicien lumière sur le show. C'était une nuit de fête. De tourbillon. Si j'avais fait un autre métier, il n'aurait pas été à cet endroit-là à ce moment-là.

— Ce serait peut-être arrivé ailleurs.

— Oui, mais c'est arrivé là. Et cette culpabilité est indissociable de ma célébrité. C'est la principale raison pour laquelle elle me pèse tant. Sans en renier les avantages, je lui en voudrai toujours d'avoir indirectement provoqué le pire des inconvénients.

Voilà pour ma notoriété personnelle.

Maintenant, je vais élargir le sujet aux excès et aux faiblesses des *« célèbres »* dont j'ai croisé la route. Parce qu'en cinquante ans de vie publique, j'ai assisté à autant d'envols que de naufrages. De quoi réviser peut-être ton jugement sur ce miroir aux alouettes. T'inviter, selon ton ressenti, à plus de sévérité ou d'indulgence. Et surtout, si la notoriété te tente, en connaître un peu mieux les contours pour ne pas t'y engouffrer sans précautions.

Avant de développer, un petit aphorisme joyeux de mon cru, juste pour le plaisir :

« James Bond, tu parles d'un agent secret, tout le monde le connaît ! »

Ah, être connu !

De plus en plus le but suprême de mômes papillons attirés par la lumière. À n'importe quel prix. Et, bien entendu, le danger de s'y brûler les ailes. Sur le sol des plateaux de télé-réalité gisent une nuée d'insectes carbonisés. Dans des hôpitaux, des sportifs de haut niveau détruits par la prise excessive de produits dopants pour un podium de plus, la médaille autour du cou. Dans des bars à solitude, des assoiffés de premières pages de magazines qui ont vu voler en éclats leur intimité sentimentale et celle de leur famille la plus proche. Quand l'heure de gloire sonne comme un tocsin.

« C'est bien beau de vouloir entrer dans la légende, mais il vaut mieux refermer la porte derrière soi. Pour éviter les appels d'air. Ceux qui peuvent te transformer en torche vivante à la moindre étincelle. »

L'imagerie la plus prégnante de la notoriété légendaire, c'est la fin tragique. Freddie Mercury, Marilyn Monroe, Elvis Presley, Michael Jackson, James Dean et, chez nous, Coluche, Daniel Balavoine, Thierry Le Luron, Mike Brant, Cloclo… La liste est si longue. L'écho d'Achille venu du fond de la mythologie. Le fils de Thétis était promis à une vie courte et glorieuse plutôt que longue et monotone. Tenu par le talon par sa mère au moment d'être trempé dans le Styx, il était presque invulnérable. Presque. Une flèche dans ce talon l'a tué.

Ce mythe transposé à l'ère nouvelle, je l'appelle le *« talent d'Achille »*. Le talent de chanter, de faire l'acteur. Et pour ne perdre aucune goutte sucrée de la notoriété, la flèche prévisible. Pour Freddy, le sida à force de sexualité débridée ; pour Dean, la vitesse ; pour Marilyn, la solitude ; pour Michael, les médicaments. Pour d'autres, l'alcool.

Bien que, pour sourire un peu, la flotte aussi peut être dangereuse.

— Comment ça, la flotte ?

— Ben oui, Claude François !

Maman, qui n'a jamais aimé ce genre de plaisanterie, ne sourit pas. Elle me ramène au vif du sujet :

— Heureusement que tu as bien refermé la porte derrière toi, me murmure-t-elle.

— Oui. Et je finirai vieux et même pas légendaire. Même si la flèche m'a souvent effleuré. Dans cette quête effrénée d'amour et de reconnaissance, nous sommes tous des cibles potentielles. D'autant qu'on ne sait jamais de quel côté elle va être décochée.

— C'est vrai que le succès suscite tant de jalousie et de haine.

— Pas seulement. L'amour aussi est dangereux.

Pour une célébrité, être aimé peut être aussi risqué qu'être détesté. Plus même, parfois. On ne compte plus les cas où les admirateurs ont pourri la vie de ceux qu'ils adulaient. Des actrices, acteurs, chanteurs, chanteuses victimes de harcèlement, jusqu'à retrouver parfois les intrus dans leur maison, voire dans leur lit.

Je me souviens, au temps de la Bruelmania, d'un coup de fil échangé avec « *Patriiiiick* ». Je l'avais pris en première partie à ses tout débuts. C'est te dire si j'étais fier du phénomène qu'il était en train de devenir.

– Alors, la star, ça va ? C'est la folie !

– Arrête ! C'est l'enfer. Elles sont des dizaines devant ma porte.

J'ai répondu, goguenard :

– Pour le séducteur que tu es, c'est un festin.

– Déconne pas, Patrick ! Je te jure que j'ai vraiment peur.

La voix tremblante, il était sincère. Je l'ai senti réellement bête traquée. Même si c'était un moindre mal. Parce que dans d'autres cas, l'adoration est allée bien plus loin. En l'occurrence, jusqu'à l'assassinat, pour John Lennon. Plus près de nous, en France, il y a eu ce fan de Mylène Farmer qui, refoulé à l'entrée de sa maison de disques, a exécuté froidement le standardiste.

Quand un crime d'amour dépasse la raison
Et que le châtiment est un cœur en prison

Quand le péché mortel est d'aimer plus que tout
Ce qu'il eût été mieux de point aimer du tout.

Pour en revenir quelques instants à moi, il m'est arrivé aussi de subir des harcèlements très pesants. Pas de groupies couchées devant ma porte (ce qui ne m'aurait pas forcément déplu), mais quelques demandes particulières. Certains sont allés par courrier jusqu'à la menace de mort si je ne répondais pas à une demande de photo dédicacée. Encore plus violent, le chantage au suicide si je ne me rendais pas à un rendez-vous intime. La menace la plus inquiétante a été celle d'une fan amoureuse. Elle m'envoyait dix lettres par jour et, dans le même temps, des roses noires à Nana, ma femme. C'est de justesse que celle-ci a évité un coup de couteau de sa part à l'entrée des studios de Bry-sur-Marne.

Cette notoriété toxique s'est aggravée, une fois de plus, à l'arrivée des réseaux sociaux. Qu'il soit d'amour ou de haine, le harcèlement a trouvé son arme de compétition. Sa machine à tuer. Réellement ou médiatiquement. Et les insultes et les menaces de mort pleuvent au moindre propos maladroit.

Comme dit un proverbe mongol :

« Si tu lâches un cheval tu pourras le rattraper. Si tu lâches un mot, tu ne pourras jamais le rattraper ! »

Au moindre dérapage, les snipers de tout calibre sont planqués dans l'entrebâillement d'une fenêtre virtuelle, arme à la main. Pour faire référence à l'actualité ukrainienne, c'est une invasion barbare sans véritable alliance internationale pour y mettre fin. Si l'on supprimait l'anonymat, on éradiquerait au moins la moitié de la saloperie ambiante. Mais on diminuerait d'autant les profits. Une fois de plus, le Dieu dollar reste maître du monde. En l'occurrence, maître de l'immonde.

En conséquence, sale temps pour ceux qui sont accusés d'avoir franchi la ligne jaune ! Ou rose, pour PPDA, Jean-Luc Lahaye, Jean-Jacques Bourdin, Nicolas Hulot ou Ary Abittan. Coupables ou innocents ? Avant même qu'ils aient pu se défendre, ils ont déjà été jugés et condamnés. Une nouvelle justice où, pour une fois, il est moins bon d'être puissant que misérable. Renaître après ça est un long, très long chemin de croix. Alors, à défaut de solution pour sortir du piège, autant éviter d'y tomber.

La notoriété porte sa punition en elle. Son miel, c'est son poison. Son seul antidote est l'oubli. Mais, là encore, les affres sont parfois pires que le remède. Avoir été et ne plus être est bien plus douloureux qu'il n'y paraît. N'être qu'une étoile morte, une nostalgie cruelle. Après avoir brillé de mille feux, être obligé de se satisfaire des cendres.

Et dans la rue, après avoir été reconnu quand même, subir en serrant les dents le si cruel :

— Vous vous appelez comment déjà ?

Un moindre mal ? Pas sûr. J'en rencontre souvent, des ex-gloires. Des sixties, des seventies oubliés, défigurés par ce que l'aigreur a tracé en rides sur leur visage. Ou par une chirurgie esthétique de raccroc pour poursuivre sans aucun espoir de la rattraper la belle image des couvertures de magazines. Leurs mots mentent. Le sourire est forcé. Le bien-être est surjoué.

Un des derniers que j'ai croisés m'a dit :

— Si tu savais, Patrick, comme je suis bien plus heureux aujourd'hui. Quand j'étais au sommet, ça allait trop vite, je m'étais perdu. Là, dans ma petite vie tranquille, je suis redevenu moi-même. Je ne regrette rien.

J'aurais pu répondre :

— Bien sûr que si, tu regrettes ! La gloire est un tatouage à vie. Bien sûr qu'au fond de toi ils te manquent, les bravos. Bien sûr qu'ils vivent encore à fleur de mémoire, tous ces intenses privilèges : l'overdose d'amour des fans, les honneurs, les faveurs. Je suis certain que tu ne t'endors pas un seul soir sans l'écho des ovations. D'ailleurs, si tu le reconnaissais, tu en souffrirais beaucoup moins.

Je n'ai pas répondu ça, évidemment. Je me suis contenté de faire semblant d'être admiratif de cette belle résilience. Par compassion. Et par anticipation aussi. Parce que je sais bien qu'il me pend au nez, ce Sainte-Hélène. Cet exil d'où même le plus lumineux des empereurs ne revient jamais. Mais bon, pour l'instant je caracole encore. C'est déjà ça. Je suis sensiblement moins célèbre, mais pas encore totalement oublié. Et, par chance, la raréfaction médiatique me protège du pire. Ces coups de poignard que la notoriété t'assène dans les plus cruelles circonstances.

Adamo est mon ami. Un vrai. Il m'a confié le plus sale contrecoup de sa célébrité. À l'occasion de l'enterrement de son père en Sicile.

— Tu te rends compte ! Au moment où je me penchais sur la tombe pour voir le cercueil une dernière fois, la foule s'est précipitée sur moi pour me demander des autographes.

— À ce moment-là, tu l'as détestée, ta célébrité ?

— Je crois bien que oui.

Comme a dû la détester Romy Schneider après la mort atroce de son fils empalé par accident sur la grille de la propriété. Sur l'échelle de l'ignoble, qu'y a-t-il de pire que ces paparazzis qui se sont déguisés en infirmiers pour voler à la morgue des photos de la dépouille de l'enfant ? Bien difficile de renaître après ça. Elle en est morte. Alors, autant tenter de prendre toutes les précautions avant que l'ignoble vous foudroie. C'est ce que j'ai toujours fait, en parfaite connaissance des conséquences que cela pourrait engendrer.

À l'enterrement de mon fils, j'avais briefé mes amis les plus costauds.

— Si vous voyez le moindre photographe, ne lui laissez aucune chance.

Un seul s'y est risqué. Il a eu tort. Alors je sais, la liberté d'expression, le droit à l'information. Désolé, mais dans ces circonstances, je suis et resterai toujours un gros con agressif. Piégé avec une maîtresse, pas de souci. Vilipendé, insulté à la une, pas de souci non plus. Mais, échotier de merde, ne viens pas violer mes chagrins les plus intimes !

— Échotier de merde ! me lance Maman. Alors ça, mon petit, tu risques de le payer cher. Pas sûr qu'un journaliste ait envie de parler de ce livre quand il va sortir.

— Tu as raison. Voilà exactement les propos à ne pas tenir quand on veut cultiver sa notoriété. Mais bon, ne le prendront pour eux que ceux qui le sont.

— Ce n'est pas très prudent quand même.

— C'est exact, mais tu me connais. S'il y a une de mes chansons que je n'ai jamais appliquée à moi-même c'est « *Ah... si tu pouvais fermer ta gueule* ».

Le handicap majeur de nos métiers est de se mettre à dos les communicants, les relais entre nous et vous. Le génial Patrick Dewaere l'avait payé au prix fort. Il avait cassé la gueule à un journaliste qui l'avait démoli. Et ça, même si la charge est infâme, c'est absolument interdit. Le retour de bâton peut être dévastateur. Et c'est ce qui s'est passé. Pas avec un éreintement systématique dans toute la presse, solidarité oblige. Non, bien plus retors.

Les producteurs de cinéma ont été avisés que si le nom de Patrick était à l'affiche d'un de leurs films, personne n'en parlerait. Blacklisté, donc. Le manque de propositions l'a profondément déstabilisé. Déjà que c'était un écorché vif, ça a dû brûler fort. Et, bien entendu, le substitut pour supporter la douleur. Dans son cas, l'héroïne. De là à affirmer que cet oukase a une grosse part de responsabilité dans son suicide, à toi de juger. Moi, je suis convaincu que oui. Donc, si tu veux que ta notoriété perdure, il faut passer sous les fourches Caudines de la communication bienveillante. Garder ses états d'âme et ses vexations pour soi. Et surtout ne pas contrarier la toute-puissance des relais médiatiques.

Sur ce conseil de précaution pour *« apprenti célèbre »*, je vais m'arrêter là. Je pense t'en avoir suffisamment dit pour étayer ton jugement sur les avantages et les inconvénients de la notoriété.

Je vais quand même faire un bref retour en arrière sur le pire des inconvénients qui m'a tant fait détester la mienne. La culpabilité pour la mort de mon fils dont je t'ai parlé plus haut. Depuis que j'ai pris son prénom comme pseudonyme, tout ce que je fais le prolonge. Ma notoriété a au moins l'avantage de pérenniser sa mémoire. Cette notoriété a été avant tout un feu d'artifice éblouissant. Mais aucun sunlight, aucun triomphe ne pourra supplanter en intensité la brûlure que je porte en moi depuis son départ.

Cependant, je dois absolument préciser une chose essentielle : cela ne m'absout d'aucun de mes travers, d'aucun excès. Cela ne justifie aucune de mes sorties de route ou de mes fautes d'orgueil. Ils sont tant, quand leur notoriété est malmenée, à aller chercher des excuses dans leurs souffrances intimes. Une couleur de peau, un choix religieux, une contrefaçon physique, une enfance brutalisée.

Tu sais, ces stars décadentes, hautaines qui argumentent :

— J'ai tellement souffert dans ma jeunesse. Et puis j'ai été victime de ça. On m'a humilié comme ça...

— C'est donc pour ça que vous êtes imbuvable ?

— Oui, mais c'est pas ma faute !

Un classique. C'est la faute des autres !

« La faute des autres est l'argument à fuir absolument dans toute tentative de renaissance. »

Chercher des excuses hors de sa propre responsabilité est le premier obstacle à toute reconstruction. Ce genre de circonstances atténuantes, ce n'est et ne sera jamais pour moi. Nous sommes les seuls responsables de l'image que nous trimballons. La mienne, je l'assume à 1 000 %. Quels que soient les a priori et les faux jugements que cela implique. Mes conneries du jour n'ont aucune justification dans quelque blessure passée que ce soit. Je ne me répands en confidences que pour étayer mon propos, mais je ne me plains de rien.

La seule chose sur laquelle je geins, c'est l'absence de mon petit qui me tenaille un peu plus chaque jour. Et les douleurs infinies que m'a infligées sa perte. Même si j'ai réussi, à force de volonté, à renaître malgré tout, après le pire chagrin qui puisse exister.

Et encore, tu ne sais pas tout.

2 heures du matin. Le 25 décembre 1990.

Je suis assis sur un banc, dans le cimetière de Juillac. La température est glaciale. La nuit est noire. Juste une lueur. Celle de la petite bougie que je viens d'allumer sur la tombe de mon petit. C'est le premier Noël après l'accident.

La soirée à Martel en famille a été lourde. Comme peuvent l'être celles de tous les Noël d'après, partout où un essentiel s'est envolé dans l'année. Une soirée à mots prudents. À sourires forcés. Et chacun ses efforts pour retenir les larmes. Mais une soirée pleine d'une étrange chaleur réconfortante aussi. Tous plus proches que jamais dans la solidarité familiale.

Et puis, vers minuit, il y a eu le sale coup de téléphone. Celui d'une ex avec laquelle j'avais partagé quelques mois de ma vie. Une pute. Une vraie, que j'avais sortie du tapin quelques années plus tôt pour lui redonner une dignité. Une idylle que la came dans laquelle elle était tombée avait fait dégénérer en cauchemar. Usé par les bagarres et les hurlements à répétition, je l'avais exclue de ma vie. Alors la rancœur et la haine en avaient fait une vipère à distance, tout en venin. Avec, comme passe-temps occasionnel, un coup de fil de temps en temps pour cracher son poison.

Quand ça a sonné, Maman a décroché.

— C'est l'autre, m'a-t-elle dit en me passant le téléphone, le visage fermé.

J'ai entendu :

— Joyeux Noël quand même !

— Merci.

J'ai cru un instant à la trêve traditionnelle. Le dépôt provisoire des armes. Mais non.

— Et surtout, si je t'appelle, c'est pour te dire que j'ai trouvé un mec qui vaut bien plus que toi, ordure ! Je te le passe.

Je n'ai pas eu le temps de poser le combiné. J'ai entendu un grand éclat de rire et une voix d'homme me lancer :

— Ton fils est mort, c'est bien fait pour ta gueule, connard !

Putain, la brûlure ! J'ai raccroché. Maman a demandé :

— Elle a dit quoi ?

— Rien Maman, rien. Joyeux Noël seulement.

Et puis j'ai pris ma voiture pour aller rejoindre le petit. Dans ma tête, à ce moment-là, j'avais envie de le rejoindre vraiment. Dans ma poche, mon « luisant ». Un autre. À barillet. C'était il y a plus de trente ans.

Je suis assis sur le banc du cimetière depuis une demi-heure. La main dans ma poche serre la crosse. Je l'ai sorti deux fois, le « luisant », et je l'ai rangé deux fois. Manque de couilles, toujours. Et puis des vagues. Une envie irrépressible et tout retombe. La raison qui fait la guerre à l'impulsion. Je lève les yeux vers le ciel. Et là, une étoile. Une seule. Je vais l'interpréter comme un message :

— Non, non, non, Patrick. Il ne faut pas. Tu ne peux pas faire ça à Maman, à la fille posthume de Sébastien qui va arriver dans un mois, au fils qu'il te reste.

Et puis repense à ce que t'a dit Chirac.

Quelques jours après l'accident, il m'avait appelé. Et ses premiers mots m'avaient déstabilisé. Au lieu de la compassion obligatoire, il m'avait dit :

— Tu ne vas pas te plaindre !

Il fallait oser. Mais il avait raison. Il avait ajouté :

— D'accord, tu souffres. Mais c'est ta douleur à toi. Imagine celle de ton fils s'il était sur un fauteuil à vie.

Désarçonnant. Mais c'étaient exactement les mots qu'il fallait me dire. Ceux qui m'ont fait le plus de bien. Et puis, comme s'il avait lu dans mes pensées, il avait poursuivi :

— Je sais ce qu'il y a dans ta tête. La tentation d'en finir parce que tu crois que ça ne sera pas supportable. Tu n'en as pas le droit. D'abord parce que maintenant que tu sais ce qu'est la perte d'un enfant : tu ne peux en aucun cas l'infliger à ta mère. Et ensuite, parce que j'ai parlé parfois avec elle des drames de nos vies. Elle m'a dit une phrase qu'il m'est arrivé d'appliquer et qu'il faut absolument que tu n'oublies pas : « Un deuil, ce n'est pas la fin de quelque chose, c'est toujours le début d'autre chose. »

La phrase clé pour se donner toutes les chances de renaître.

Note-la, et surtout ne l'oublie jamais.

Alors, cette nuit de Noël 1990, dans le froid du cimetière, j'ai attendu que la bougie s'éteigne sans souffler ma propre flamme. Pour Maman, pour Olivier mon autre fils, pour Marie à venir, pour moi, et un peu pour Chirac. Un homme politique d'un autre temps, d'une autre trempe. Ça tombe bien pour faire le lien avec le chapitre suivant. Je vais y parler de politique.

Au moment où j'écris, on est à deux mois de l'élection présidentielle. Une campagne surréaliste et médiocre. À l'image de l'époque. Surmédiatisée. Bourrée de clashs, de buzz. De débats au cours desquels on est obligé parfois de se pincer pour bien se rendre compte qu'on n'est pas au cirque. Une mascarade comme j'en ai rarement vu. Qui tient plus de *The Voice* que d'un véritable choix d'avenir pour tout un peuple. S'il y a une chose qui a peu de chances de renaître après ça, c'est bien l'espoir. Mais restons optimistes.

Comme disait Gabin :

« Ce que je sais, c'est qu'on ne sait jamais ! »

Le temps de tourner la page et je vais développer.

Mais, franchement, sans jouer les vieux cons nostalgiques à l'excès, tu l'imagines, toi, le Général, chez mon pote Hanouna ?

« De Gaulle face à Baba » ?

Allez, on en reparle tout de suite.

POLITIQUEMENT INCORRECT

Nous devons tous renaître chaque jour après les mille coups que la vie en société nous assène. Avec, à l'autre bout de la matraque, la politique.

Celle qui dresse les uns contre les autres les libertaires et les autoritaires.

Qui régit les licenciements et les abandons.

Qui enrichit de plus en plus les plus aisés et dépouille les plus pauvres.

Qui restreint nos libertés.

Qui dilapide notre pouvoir d'achat.

Qui, surtout, de promesses non tenues en illusions bafouées, alimente nos frustrations et notre mal-être.

Chacun renaît comme il peut. Après chaque fin de mois difficile. Après chaque dos courbé. Après chaque déni de justice. Après chaque carcan. Je t'avoue qu'en la matière je n'ai pas vraiment de solution. Si ce n'est, encore et toujours, de faire avec, à défaut de pouvoir faire contre. En bon docteur des âmes, je vais t'aider seulement à identifier le mal. C'est déjà ça. À toi de trouver le bon remède.

Le mien est d'être mesuré en toute chose. Et comme on ne peut pas changer ce monde-là, je m'applique à en fabriquer un autre à moi.

20 heures. 24 avril 2022.

Le président de la République est…

À l'heure où j'écris, en février, je ne sais évidemment pas.

Mais je vais écrire quand même et je reviendrai dans deux mois à la fin de ce chapitre pour le terminer une fois le résultat connu. J'aurais pu attendre, mais le jeu du pronostic m'amuse. On va appeler ça l'écriture « Winamax ». Je sais, ça fait un peu Ligue 1 de foot, mais le spectacle de la campagne ne vaut pas mieux qu'une compétition de pousseur de ballon sur gazon. Ça tacle, ça dribble, ça shoote, entre deux mercatos d'un parti à un autre. Et les supporters des meetings n'ont rien à envier aux crétins des tribunes sud.

— Qui ne saute pas n'est pas LR !… Zemmour, Zemmour, on t'encule !

Alors, avant d'élargir le propos sur la politique en général, je vais disserter sur celle du moment. Pas en philosophe, mais en chansonnier. Pour le fun. Je vais me balader, le verbe léger et le jeu de mots facile, dans la campagne « pestilentielle » 2022, comme disait Coluche. Le mot ne peut pas mieux tomber. Et je te jure que, quel que soit le résultat de l'élection, je ne changerai pas une virgule à ce que j'aurai déjà imprimé. Comme promis, je vais lâcher mes coups de cœur, de gueule et de foudre. Sans filtre.

De quoi nourrir les corbeaux. Les maîtres chanteurs sur un arbre planqués. Ceux qui vont sûrement, à la sortie de ce livre, prendre quelques lignes de ce que je vais écrire pour le transformer en clash. Tous les scrutateurs des sites nauséabonds, les chroniqueurs de la télé poubelle, à l'affût de la moindre phrase susceptible de faire le buzz. Histoire d'alpaguer le pigeon. Le curieux. Comme les bonimenteurs d'avant qui arnaquaient les crédules au bonneteau sur la place Pigalle. Dans un seul but : faire de l'audience ou des clics sur leurs sites. De la manipulation de haute volée, à l'image du climat délétère du moment.

J'y ai déjà eu droit récemment. Dans une interview, j'ai déclaré que je trouvais Zemmour intelligent, brillant, et qu'il disait des vérités. Mais que malgré ça, je n'adhérais pas du tout à son programme. Les rapaces n'ont pris que la première partie de ma déclaration. Et les titres accrocheurs m'ont fait passer pour un soutien, ce que je ne suis absolument pas. On en est là, hélas ! Au lieu d'un débat profond qui engage l'avenir d'un pays, on ergote. On traque le petit détail puant. Le coq français n'a pas que les pieds dans le fumier. Il y est enfoncé jusqu'au cou.

Et ça fait des palabres interminables, des débats insipides. De quoi adouber une formule de mon cru. Un conseil aussi pour ta renaissance. Parce que trop de mots tuent les mots. Et que le silence est bien plus propice à toute guérison de l'âme, si l'on veut s'entendre avec soi-même.

« La matière première la plus gaspillée sur terre, c'est la salive ! »

C'est de ça que je voudrais d'abord t'entretenir. De toute cette diarrhée verbale qui accompagne l'actualité du moment. Parler, parler, parler. Avec la multiplication des médias, on est submergés par la parole publique. La logorrhée de n'importe qui à propos de n'importe quoi.

C'est le credo aujourd'hui de la foultitude de commentateurs, blogueurs, observateurs, chroniqueurs, influenceurs. Les commères modernes. Les donneurs d'avis. Les maîtres des mots vides. Les éructeurs. Omniprésents sur nos écrans. Qu'ils soient d'ordinateur, de téléphone ou de télé. Et comme on est tous passés en mode virtuel, nous voilà noyés dans le flot incessant de l'avis des autres. Avec, si possible, les sujets les plus anxiogènes possible. Normal. La peur est un aimant à curiosité. Donc, à audience.

Parce que, bonjour l'angoisse !

Tout y passe. L'insécurité, le chômage, la maladie, les accidents, la guerre, la misère.

— C'est quoi le débat du jour ?

— Les risques de cancer chez l'enfant en cas de choc psychologique déclenché par le divorce des parents.

Allez, on débat ! Le ministre de la Famille contre le patron de JouéClub. Parce que peut-être qu'une console de jeux adaptée peut éviter la chimio. Un avocat, un journaliste spécialisé, quelques SMS de la populace en bas de l'écran, et roulez jeunesse ! 15 % de part de marché.

— Demain, avec l'inceste dans les campings, je suis sûr qu'on peut taper les 20 %.

Mais, putain ! Un petit rayon de soleil, ça vous arracherait la gueule ?

Le verre à moitié plein pour une fois. Un plateau beau temps. Sans embrouille. C'est pas de scénaristes de films à suspense dont on a besoin. C'est de secouristes. À l'heure où le pays est en apnée, pas un apport d'oxygène, aucune réelle lueur d'espoir.

Ah ça, pour le constat, ils sont balèzes ! Rien ne va. On est au fond du gouffre.

— T'as pas besoin de nous le dire, crétin ! rétorque le Français moyen. On le sait qu'on est dans le trou. Ça fait des années qu'on prend les éboulis sur la tête. Tu crois qu'on t'a attendu pour comprendre que si on était plus riches, on serait moins pauvres ? C'est pas d'un toubib qui fait le diagnostic dont on a besoin. C'est de celui qui nous soigne. Pour l'instant, beaucoup d'appels au 15, mais on attend toujours le Samu !

Mais qu'est-ce que je raconte, moi ?

Les voilà les secouristes ! La cavalerie ! Les candidats à l'élection présidentielle. Ceux qui vont tout changer. Les sauveurs. Les Zorro. Ceux qui ont « *the* » solution. Celle qui va nous rendre tous heureux. Même que si ça se trouve, on aura des chaussures neuves pour trois générations et plus jamais mal aux dents !

Mais pour ça, il faut d'abord faire passer le message. Et pour le faire passer, il n'y a que la communication à outrance. Et « *outrance* » est bien le mot. D'abord une outrance d'emploi du temps. Les pendules de nos candidats sont mises à l'heure des rendez-vous des plateaux de chaînes d'info. Comme si la vraie vie n'existait pas hors les murs d'un studio de BFM ou de CNEWS. À flux tendu.

Le moindre politique de 2022 a l'agenda de Joe Dassin après « L'Été indien » en 1975. Presse, radio, télé. Et des sondages en guise de classement dans les hits. Bon, Pascal Praud a remplacé Danièle Gilbert, Bruce Toussaint et Yves Calvi les Carpentier et Hanouna Guy Lux. Mais le plan promo est le même que celui de Joe.

Le problème, c'est que « *Les Champs-Élysées* », c'est pas une aimable balade. Vas-y traîner le samedi soir. Entre racaille, came à tout va, agressions, elle est là, la réalité. « *Les Petits Pains au chocolat* », c'est parfois le seul repas dont certains doivent se contenter dans la journée. Elle est là, la réalité. « *Les Dalton* » s'appellent Balkany, Cahuzac et consort. Elle est là, la réalité. « *La*

Bande à Bonnot » défouraille à tout va dans les quartiers nord de Marseille. Elle est là, la réalité.

Ah, la réalité !

Avant, il y a longtemps, son camp de base, c'était le Café du Commerce. Au comptoir du petit troquet, on s'invectivait entre deux tournées. À grands coups de : « *Mais ferme ta gueule !* », on envenimait le débat. Chirac était un voleur, Mitterrand un socialo pourri et Le Pen un gestapiste. Les insultes et les idées manichéennes volaient bas. Entre deux dix de der, les joueurs de belote refaisaient un monde sans nuances. Les vannes racistes et sexistes allumaient des rires gras. Les banalités et les lieux communs pleuvaient.

Aujourd'hui, le Café du Commerce a fermé le rideau et il s'est délocalisé. Il est parti s'installer sur les chaînes d'info, dans les stations de radio et sur les réseaux sociaux. Bon, pas de clope ni de Ricard. Faut pas donner le mauvais exemple. Mais pour le reste, on est largement raccord. La connerie XXL a fait son lit entre les chroniqueurs « *je sais tout* », les spécialistes et les responsables officiels. La grande gueule donne toutes les excuses à la petite cervelle.

Ça affirme, ça vocifère, ça dégueule. Parfois même, ça tente la fausse sortie du plateau. Comme le Paulo d'Aubervilliers, rond comme un boulon, qui claquait la porte du rade au bout d'une conversation qui lui donnait tort :

– Puisque c'est comme ça, je me casse ! Je vous promets que je foutrai plus jamais les pieds dans ce bistrot de cons !

Et dix minutes après, il revenait.

– OK, je suis revenu, mais c'est juste pour finir mon apéro.

Et voilà ! C'est fait.

Les politiques se sont mis au diapason de cette exubérance imbécile de comptoir. On leur a tellement reproché d'être loin du peuple qu'ils s'en sont rapprochés au point de parfois le dépasser. Surtout dans l'expression orale. La grossièreté est sortie des bas-fonds. Zemmour fait des doigts d'honneur, Mélenchon insulte les flics et Macron dit qu'il va emmerder ceux qui ne sont pas d'accord avec lui.

Et si, dans un sursaut de fausse dignité, ils reviennent à la normale, c'est pour nous infantiliser avec des arguments de préau :

– C'est moi qu'ai raison… C'est ç'ui qui dit qui y est !

Et chacun y va de son entretien télé ou radio exclusif. Pas seulement pour convaincre. Non, surtout, ego oblige, pour se persuader qu'il a raison. Et rentrer à la maison tout fier pour se taper le replay en famille. Histoire d'éblouir le conjoint et la marmaille. Non pas en étant satisfait de ce que son argumentation a apporté à un espoir pour le pays, mais en posant la question essentielle :

— J'ai été bon ?

Toute cette campagne électorale 2022 est à l'image de ce délitement de la fonction politique. Mon premier pronostic « *Winamax* » (qu'on contrôlera en fin de chapitre) est que l'oscar de l'élection présidentielle de 2022 sera décerné à l'abstention. La salle sera presque à moitié vide parce que le film est mauvais. L'intrigue est mal ficelée. Aujourd'hui, on est pratiquement sûr du dénouement. Les dialogues sont trop longs, trop surjoués. Les effets spéciaux ne surprennent plus personne. Trahisons, reniements et promesses la main sur le cœur. Que du déjà-vu.

Et puis, au moment où j'écris, en février, il faut voir le précasting !

D'abord, les grouillots en fin de liste. Hors de portée d'une décimale dans les sondages. Bon, ils n'ont aucune chance, mais ça les promène. Ah, ils ont des convictions, c'est sûr ! Mais ils ont surtout celle d'exister dans un coin d'écran. Le petit coup de projecteur sur le « *moi je* » dont je te parlais dans le chapitre précédent. Avec quand même une indulgence pour Jean Lassalle et Fabien Roussel, de vrais braves types. Mais quand même… Article 1 de la déclaration des droits de l'homme politique : « *Les hommes naissent ego.* »

Les femmes aussi bien sûr, avant qu'on me taxe de sexisme. Comme en ont été taxés ceux qui ont osé attaquer Miss Île-de-France. La Pécresse. Sexisme ? Ben voyons ! L'excuse à deux balles pour dédouaner l'imposture. Qu'est-ce que tu veux que je te dise ? Elle sait pas, elle sait pas ! Elle est faite pour le stand-up comme moi pour le triathlon. Même Ruquier n'en aurait pas voulu à *On ne demande qu'à en rire.* D'accord, on vote pour une compétence, pas pour une oratrice. Mais il faut quand même un minimum de sincérité. C'est une règle du théâtre. Si tu te contentes de réciter, tu n'as aucune chance de capter le spectateur, quelle que soit la qualité du texte appris.

Allez ! Puisqu'on est chez les filles, un petit coup de serpe à Hidalgo aussi. Coincée au plus bas des sondages. Comme toi dans ta voiture à 9 heures du matin sur les quais de Seine. T'as vu comme c'est désagréable, señorita ? Surtout quand tu te fais doubler sur la file de gauche par Jadot en Vélib'.

Elle a affirmé, sourire aux lèvres :

— Regardez ce que j'ai fait à Paris. Imaginez ce que pourrait être le pays !

T'as raison, on imagine bien. Ahurissant !

Je ne sais pas qui est son conseiller en communication, mais à ce degré-là de bêtise infantile, il faut qu'il retourne faire la chorégraphie de Chantal Goya. D'ici qu'il lui fasse choisir comme hymne de campagne « Bécassine c'est ma cousine », y a pas loin. Bon, elle justifiera en disant que c'est par solidarité avec les bonnes bretonnes dont elle a l'intention d'augmenter le salaire de 50 %. Mais stop ! C'est pas bien de tirer sur une ambulance. Surtout si elle bloquée dans un bouchon place de la Concorde.

Ce qu'il y a de terrible avec ces gens-là, c'est qu'ils n'ont même pas la lucidité de s'apercevoir à quel point leurs ficelles sont grosses. À quel point ça fait longtemps qu'on les a démasqués. À quel point leur prise de parole calculée, formatée, nous entre par une oreille pour ressortir par l'autre. Et pas parce que, comme ils le croient, on n'a pas de cerveau dans lequel elle pourrait se nicher. Non. Au contraire, parce qu'on en a un, justement.

Mentir à un oiseau qu'on le fera nager
Mentir à un poisson qu'il pourra s'envoler
Offrir des chrysanthèmes un jour de 1er mai
Qui peut croire un instant que c'était du muguet ?

On enchaîne avec Marine. Ah, elle s'accroche la diablesse ! Bon, elle a mis de l'eau dans son boulaouane pour faire plus éligible. Mais même avec la touche *« Je suis une femme comme les autres »*, le fond reste le même. La France aux Français. C'est vrai, ça ! Qu'est-ce que c'est que ces kebabs qui viennent bouffer le pain de nos McDo, nos pizzerias et nos sushi shops ? D'accord, on les vire, les djellabas. Mais tu fais comment, madame ? Tu les enroules dans leurs tapis de prière et tu les expédies par Chronopost à Ouarzazate ?

À peu de chose près, ça reste du Zemmour pas émacié avec un brushing blond. Les deux engagés dans la même course d'obstacles. Le derby des psaumes. D'abord, une guerre de religion. À part que pour avoir une chance de gagner le tiercé, il y a une règle de base : à deux sur le même canasson tu es disqualifié. Aucune chance de passer la ligne d'arrivée. Mais il s'en fout, Gargamel. Il est déjà au coup d'après. La Schtroumpfette va se faire coiffer au poteau une fois de plus et c'est lui qui va récupérer la cocarde pour 2027.

Et Macron alors ? Pour l'instant, à l'heure où j'écris, il a tout pour lui, le bébé à Bribri. Les sondages au top. Des réseaux surpuissants. Et puis, les Gilets jaunes, la Covid, et maintenant la guerre en Ukraine, l'aubaine. Parce que je l'entends murmurer clairement, la France profonde :

— Le pauvre, qu'est-ce qu'il a pris ! Et comme il est resté fort dans la tempête !

Aujourd'hui je ne vois pas ce qui pourrait l'empêcher de passer le poteau d'arrivée en tête. Mais, contrairement à ce qu'on présage, pas forcément avec dix longueurs d'avance. Je pense même qu'il pourrait y avoir photo avec la Schtroumpfette. Un rêve pour certains, un cauchemar pour d'autres. Pour moi, ni l'un ni l'autre. Et pour une majorité résignée, parce que la France restera toujours la France :

— De toute façon, tant qu'il y a la Ligue 1, *The Voice* le samedi, du shit à volonté, des aides tous azimuts, et plus de vacances que de boulot, moi je dis que c'est pas pire que si c'était moins bien !

Voilà ! J'ai oublié personne ? Ah si ! Mélenchon. Volontairement. Parce que je suis partagé. J'adhère sincèrement à ses indignations au nom du petit peuple d'où je viens. Mais, en même temps, si je gagne 10 000 euros, je n'ai pas envie qu'il m'en prenne 12 000, le tribun de lui-même !

Pour résumer, toujours avec un sourire en coin, et avant de parler politique beaucoup plus sérieusement, quel cirque, cette campagne présidentielle ! Et *La liste de Pinder* pour les concurrents. Avec ma touche poétique personnelle qui rime.

Les acrobates
Qui t'épatent

Les dompteurs
Qui te font peur

Les magiciens
Qui te font du bien

Et les funambules
Qui t'en... chantent.

Sur ce, j'arrête la diatribe de chansonnier. Je me suis bien défoulé et j'ai donné suffisamment à manger aux corbeaux. C'était juste pour le plaisir des mots. Et tant pis pour les retombées diverses. J'assume. On va revenir au sérieux. À un jugement plus poussé. Celui qui me fait renaître chaque jour. Parce que, après avoir éteint ma télé la veille au soir, j'ai quand même le risque de mourir de dépit dans la nuit.

Paul Valéry a écrit :

« La politique, c'est l'art d'empêcher les gens de se mêler de ce qui les regarde. »

Je suis politiquement incorrect, parce que justement, ce qui m'intéresse chez les gens, c'est ce qui les regarde. Et tous les gens. Du plus aisé au plus démuni. Sans aucune idée préconçue. Ma notoriété m'a fait voyager de la lie à l'élite. Nous sommes peu à pouvoir fréquenter avec la même décontraction les bouges et les palais. À tutoyer autant les pochtrons de fond de cambrousse que les seigneurs de la finance. Nous sommes peu à avoir couché dans notre lit autant d'élégantes cultivées et mystérieuses que de cagoles ordinaires. Sans l'ombre d'un jugement de qualité, si ce n'est celle du cœur. Nous sommes peu à avoir à la fois l'oreille du petit peuple et celle du président.

À ce titre, je vais te dire ce que je pense vraiment de cette France 2022. Mon propos sera politique, puisque tout est politique. Mais sans précaution, puisque je ne me présente à aucun poste. À aucune élection. Je veux juste, à quelques encablures de la fin, étaler sur papier ma conscience en toute sincérité. Te dire mes vérités, si crues soient-elles. Quitte à te faire hurler. Te faire refermer violemment les pages de ce livre. Te faire dévier de ma route définitivement.

Je m'en fous. Chaque colère lâchée participe à ma renaissance. Un des fondements de toute psychanalyse : *« extérioriser »*. De toute façon, les retombées ne peuvent pas me toucher au-delà de ce que j'ai déjà connu. Et puis ce n'est pas comme si j'avais à me ménager pour protéger des ambitions à venir. Il me reste trop peu de temps. Je n'ai plus beaucoup de chemin à faire. Je fume trop. Ma vie ne tient qu'à un filtre. Et si ça tarde trop, en cas de dégoût définitif, j'ai toujours mon *« luisant »*.

Ce soir, il est posé à quelques centimètres de l'ordinateur d'où je t'écris.

2 h 30. Le 28 février 2022. Martel.

J'ai entendu le chien hurler. Je suis sorti sur le pas de la porte. Au bout du chemin, j'ai aperçu un faisceau de lampe torche. Je me suis avancé. Un bruit de fuite dans les feuillages, et puis plus rien. Dans mon antre, je suis loin de tout. Je ne suis à l'abri de rien. Alors j'ai sorti le « luisant » de sa cachette. Si je vois la moindre ombre se faufiler dans la maison, il est probable que j'en fasse usage.

Comme m'avait dit un jeune flic, qui ramait dans les quartiers difficiles d'une ville de l'Est :

— Je préfère être jugé par neuf que porté par six !

Ça, c'est politiquement incorrect. On ne tire pas sur les gens sans être certain d'une intention criminelle de leur part. En cas d'agression, on doit prendre sur soi et agir dans les règles définies par la loi. Il est recommandé d'interpeller l'intrus pour tenter de le convaincre de renoncer à un éventuel projet malhonnête :

— Monsieur. Vous êtes dans l'illégalité. Je vous somme de rebrousser chemin. Sinon, je me verrai dans l'obligation d'alerter les forces de l'ordre. Non, mais !

Ben voyons !

J'ai encore dans l'oreille la voix presque inaudible de mon ami Bernard Tapie. En bout de cancer, il s'était fait agresser chez lui.

— Tu te rends compte ! Ils ont massacré ma femme pendant un quart d'heure, comme ça, sans raison. Pour le plaisir.

Alors, oui. Si je suis attaqué, je préfère me défendre avant d'attendre que la justice le fasse à ma place. Parce que son laxisme me met en danger un peu plus chaque jour. Soit ! Il faut être compréhensif, indulgent. Privilégier la prévention plus que la répression. Mais, dans ce cas-là, ne venez pas me reprocher d'éteindre un incendie moi-même si les pompiers sont injoignables. C'est une métaphore. Les vrais soldats du feu n'y sont pour rien. Bien au contraire. Ils sont même le symbole de la déliquescence de l'ordre dans ce pays. Comment peut-on accepter que ces héros du quotidien soient caillassés ?

Nos dirigeants ont choisi la désertion face à une certaine forme de délinquance. En cas d'agression, je ne pense pas que brandir le code pénal soit une réelle force de dissuasion. Je préfère mon « luisant ». J'assume. Comme j'assume de rendre responsable de notre dérive sécuritaire la classe politique tout entière. La haine des flics à l'extrême gauche et la haine de la racaille à l'extrême droite ne font que mettre de l'huile sur le feu. Au milieu, c'est « en même temps ». L'expression est raccord. Parce qu'en même temps qu'on tempère sous prétexte d'idéologie, les commissariats sont attaqués au mortier, la vente de stupéfiants a pignon sur rue, l'incivilité et la violence gratuite sont devenues routinières.

Je suis politiquement incorrect, parce que la politique elle-même est incorrecte. L'Assemblée nationale regorge de vrais coupables. Et ne m'agite surtout pas le drapeau du populisme imbécile et décérébré. C'est la réalité.

On cache derrière notre petit doigt une forêt d'injustices dans laquelle errent les plus faibles d'entre nous. C'est la réalité. Les politiques depuis de longues années ont abandonné une partie de la France à l'insécurité par lâcheté et compassion assassine. C'est la réalité.

Le stage de citoyenneté est la nouvelle réponse a minima à la délinquance ordinaire. Il serait peut-être temps que ceux qui l'ont édicté se l'imposent à eux-mêmes.

Pour l'instant, je ne crois plus à la justice de mon pays.

Dupond-Moretti est mon ami. Mais je ne suis pas d'accord avec ses atermoiements. Je le connais assez pour saisir parfaitement sa vision de la justice. Nous en avons parlé souvent, même si depuis qu'il est ministre je n'ai plus de nouvelles. Jamais je ne douterai ni de ses qualités d'âme ni de sa sincérité. Mais je n'arrive pas à cautionner que le dogme l'emporte sur la réalité.

L'insécurité n'est pas une sensation. Elle est bien réelle. La sévérité n'est pas un fantasme de dominant déshumanisé. Elle peut être appliquée avec mesure, mais dans une société en débandade, elle me semble obligatoire. Dans le téléfilm dans lequel j'avais entraîné Éric, il avait ajouté cette phrase au dialogue que je lui avais écrit :

« N'oubliez pas que la justice est une administration avant d'être une vertu. »

Dont acte.

Le téléfilm s'appelait L'Affaire de maître Lefort. *J'en ferai un autre dans la foulée qui s'appellera* Une chance sur six. *Une histoire de roulette russe, déjà. La belle synchronicité pour me ramener au « luisant » qui m'escorte cette nuit. Bien entendu, je ne m'en servirai que comme objet d'intimidation. En attendant que me soient livrés par Amazon les « épouvantails à cambrioleurs ». Des mannequins de paille vêtus d'une tenue de policier qu'une loi récente a rendus obligatoires chez chaque particulier pour assurer la sécurité de chacun.*

Je plaisante évidemment, mais ils en sont bien capables !

Pour l'instant, aucun bruit de pas, aucune ombre suspecte, je peux reprendre tranquillement mon réquisitoire contre les politiques. Avant de m'y remettre, je suis encore allé faire le tour de la propriété. RAS. Ce n'est pas ce soir que je serai sur la liste d'attente de Faites entrer l'accusé.

Dommage ! C'était une bonne occasion de refaire de la télé sur le service public !

En rejoignant mon ordinateur, j'ai fait une pause devant la télé de nuit. Les chaînes d'info tiennent leur nouvelle série. La guerre en Ukraine saison 1. Le coup de folie de Vladimir. Et exit la Covid. Spasiba Poutine ! Il a suffi de cette invasion pour ranger dans les cartons de l'actualité le nombre des admissions et des morts en réanimation. Les épidémiologistes se sont fait piquer l'affaire par les stratèges et les militaires. Là, c'est l'invasion en boucle. La chair à canon entre deux pubs pour d'autres chairs. Celles de Charal et Knacki Herta. Et les politiques en pleine campagne qui essaient au mieux d'étalonner leur intérêt électoral à la compassion obligatoire.

Avec encore une citation de Paul Valéry :

« La guerre, c'est le massacre de gens qui ne se connaissent pas au profit de gens qui se connaissent et ne se massacrent pas. »

À l'heure qu'il est, la tuerie en Ukraine m'interpelle comme tout le monde. La perspective d'une bagarre générale nucléaire rajoute encore du stress à celui qu'on avait déjà. Une bonne affaire pour les fabricants d'anxiolytiques. À croire que c'est un vaste complot organisé par les syndicats des psychanalystes du monde entier pour gonfler leur chiffre ! Je plaisante, bien sûr, mais on vit vraiment une époque de merde ! Une perspective de mort imminente qui induit d'autant plus la préparation de solutions pour renaître après. Parce qu'on est tous devenus des funambules au bord de la chute. Par notre faute, d'ailleurs. Comme si les cataclysmes et les pandémies ne suffisaient pas, on a confié les rênes de l'attelage mondial à des schizophrènes.

Dans mon enfance, un Trump, un Kim Jong-un, un Poutine de campagne dans mon village aurait fini à l'hôpital psychiatrique le plus proche. Eh bien non ! Aujourd'hui, le plus dingue un peu malin peut devenir maître du monde. Y a pas loin pour qu'on décrète qu'Adolf était un petit joueur. Je plaisante toujours, ça va de soi. Je préfère préciser. Les corbeaux sont capables de découper mes mots pour ne garder que *« Adolf était un petit joueur »*. Avec le risque d'un procès de la Licra. Ou, conséquence inverse, que je me fasse menacer par les nostalgiques du IIIe Reich qui sont encore bien plus nombreux qu'on peut le croire, hélas !

À titre personnel, devant cet envahissement de l'Ukraine, j'ai une tristesse un peu particulière. Il y a deux mois, la tournée du *Plus Grand Cabaret du monde* remplissait les Zénith de France. Sur scène, un couple de magiciens, Vitalii et Yulia, des Ukrainiens. Et un autre couple dans un numéro de lanières époustouflant, Anton et Ekatarina, des Russes. Je les revois rire ensemble, manger ensemble, triompher ensemble. J'en chialerais. Embarqués de force dans une guerre qui n'est certainement pas la leur. Les étoiles du grand rideau bleu remplacées par les éclats de bombe dans le ciel de Kiev.

Putain de politique ! J'en suis d'autant plus remonté pour argumenter mon réquisitoire à la Zola contre les politiques en général, et ceux de mon pays en particulier.

J'accuse !

J'accuse mon pays d'être hautement corrompu par les réseaux d'influence. Financiers, médiatiques et idéologiques. Et ça, par l'intermédiaire de certains politiques complices qui, en échange de la conservation de leur statut, trahissent les Français qui les ont élus. Et j'y ajoute des dessous-de-table et autres faveurs qui restent impunies, vu que cette corruption touche aussi quelques acteurs du milieu judiciaire qui placent ces lobbies-là au-dessus des lois.

Faire une liste exhaustive de ces réseaux demanderait dix tomes. Je vais me contenter d'évoquer, pour l'exemple, le lobby pharmaceutique. Parce qu'il est au cœur de ta vie quotidienne depuis le début de la pandémie. Et qu'il me concerne directement, vu que la douleur qui me cisaille le ventre en ce moment me fait me poser beaucoup de questions. Et tenter d'y répondre, même si ça n'atténue pas cette douleur, peut calmer mes doutes. Et par le fait amorcer ma renaissance postopératoire.

Attention, je ne suis pas complotiste au point de sous-entendre, comme les plus acharnés, que les laboratoires ont créé la Covid pour caser le vaccin. Même si on est en droit d'en effleurer l'idée. En y ajoutant même un soupçon d'eugénisme. Parce que, là aussi, c'est la réalité. Les principales victimes sont des vieux, des malades, des improductifs. On aurait voulu édulcorer une frange de la population plus qu'encombrante, on ne s'y serait pas pris autrement.

Mais soit ! Disons que cette idée-là est juste un scénario de science-fiction pour blockbusters. En revanche, que ces labos aient profité de cette pandémie pour s'enrichir avec l'aide occulte de nos dirigeants ne me paraît pas si improbable que ça. Entre les masques, les tests et les vaccins, le profit est colossal. Grand bien leur fasse ! Ce n'est que de l'argent. Et on n'est pas à une arnaque près au nom du Dieu dollar.

Mais là où je tique, c'est sur le composant de la piquouse et ses effets secondaires. Hormis mon cas, autour de moi se multiplient les exemples de pathologies soudaines qui vont du diabète à l'AVC. Alors, ce vaccin ? Inoffensif, totalement responsable, ou déclencheur seulement de quelque chose de latent ? Avoue que ce n'est pas complotiste d'a minima se poser la question. Et cette question, au lieu d'aller la vociférer sur un plateau télé, je préfère me servir de mon privilège relationnel pour tenter d'y répondre.

Dans la nuit du 5 janvier, j'ai envoyé un SMS au président Macron.

« Juste pour te dire qu'après les injections, moi qui n'avais aucune pathologie avant, je me suis retrouvé avec un prédiabète, une prostatite, et maintenant un cancer du rein. Je ne regrette pas les 3 vaccins. Je sais qu'ils m'ont protégé d'une forme grave. Mais s'il y a un quatrième, je ne le ferai pas. Je n'ai plus confiance. Je veux juste t'alerter. Parce qu'autour de moi, les cas d'effets secondaires se multiplient. »

Il m'a répondu :

« Je suis surpris de ton truc tout de même. Écoute, vaccin et pass nous évitent beaucoup de merdes. Je pense que tes problèmes n'ont pas grand-chose à voir avec le vaccin malgré tout. Mais ce que tu dis m'inquiète et je vais surveiller. »

J'ai renvoyé à mon tour :

« Je ne suis pas d'accord avec toi. Je pense qu'il y a un lien. Je préfère t'alerter parce que je sens une suspicion chez les gens. Et de plus je trouve le pass vaccinal inutile. »

Réponse :

« Pas moi, mais j'entends ce que tu me dis. »

C'est ça, mes relations avec les puissants. Pas des intimités quémandeuses ou des flatteries. Juste des alertes ou des ressentis. Sans compromission. Je ne sais pas si cela a un effet, mais ce que je sais, c'est que le message est toujours écouté avec attention. C'est déjà ça ! Alors OK ! Je veux bien croire à la bonne foi du chef. Je veux bien respecter sa conviction. Elle doit être étayée par des données scientifiques auxquelles sa fonction lui donne accès bien plus qu'à moi.

Une certitude d'ailleurs confirmée par mes potes médecins :

— Honnêtement Patrick, pour nous, ça n'a rien à voir. Je pense que c'est le hasard qui fait qu'on peut être tenté d'établir un lien de cause à effet. Pour ton cas personnel, ta tumeur cancéreuse existait bien avant tes injections de vaccins.

Au temps pour moi ! Je vais m'en tenir à l'avis de la Faculté, comme on dit. Faire confiance à ceux dont c'est le métier. En égratignant quand même au passage les milliers de blogueurs des réseaux sociaux qui se sont soudain découvert des connaissances médicales. Qu'est-ce que j'ai pu lire comme conneries alarmistes ! Et sur les plateaux télé, qu'est-ce que j'ai pu être gavé de spécialistes qui, au nom d'une fonction médicale officielle, nous balançaient tout et n'importe quoi ! Le seul avantage est d'en avoir tiré une *punchline* de scène qui fait marrer à tous les coups :

« On a eu droit aux infectiologues, aux neurologues, aux pneumologues. Et nous, devant la télé, on était des proctologues. Parce que, qu'est-ce qu'on a vu défiler comme trous du cul ! »

Cela dit, je reste convaincu de la part de marchandising dans la gestion de la Covid. Pas qu'on nous ait empoisonnés sciemment juste pour gonfler outrageusement la note, comme le hurlent les plus radicaux. Mais qu'on ait surmédicalisé à la hâte sans vraiment prendre en compte les risques collatéraux, j'en suis convaincu. L'occasion était tellement belle de faire du chiffre le plus rapidement possible. Comme je l'ai déjà écrit, la cagnotte est énorme.

Dans cette guerre à la pandémie, je pense que la méthode s'est militarisée : en sauver un maximum, quitte à en sacrifier quelques-uns. Comme les premiers du débarquement en Normandie, tombés en éclaireurs pour rallumer une paix mondiale. Ça se discute, mais c'est la règle du jeu de la guerre. Et surtout du jeu du profit, qui mène le monde. Si tragiques soient les retombées, on pousse les gens à la consommation par le truchement d'un vecteur imparable : *la peur.*

C'est surtout en cela que j'en veux terriblement aux politiques. D'instrumentaliser la trouille à l'excès. Au détriment de la plus précieuse de nos libertés : choisir notre vie parce que c'est la nôtre et qu'on n'en a qu'une. Et pas seulement en cas de virus mondial. Accident, tabagisme, alcool, obésité, maladies en tous genres, le principe de précaution sanitaire est une pompe à fric hallucinante. Et surtout absolument indiscutable.

Ils ont l'argument imparable :

— Ne croyez surtout pas qu'il puisse y avoir le moindre intérêt financier derrière tout ça. Puisqu'on vous le dit et on vous le répète : *« C'est pour votre bien ! »*

Pendant la Covid, le *« pour votre bien »* a atteint des sommets déconcertants. Les mesures sanitaires ont frôlé l'ubuesque. À cause de décideurs scotchés, comme tout technocrate, dans une pensée obtuse, même quand l'évidence leur pointait du doigt l'incohérence.

Les métros bondés et les salles de théâtre fermées. Les petits commerces verrouillés et les supermarchés ouverts à tout vent. Le grignotage de chips interdit dans les cinoches. Les grands-parents au sous-sol pour les fêtes de Noël. Les discothèques fermées et les boîtes échangistes ouvertes. L'apéro assis. Le couvre-feu la nuit, alors que c'est là que les gens ont le moins de chances de se côtoyer en foule. Les absurdes zones de déplacement pendant le confinement. Comme si le virus avait un GPS pour son rayon d'action. J'en passe et des bien pires.

Je crois que la plus stupide des mesures envisagées touche à mon sport chéri, le rugby. Pour ralentir la propagation du virus, il y a un *« grand spécialiste »* d'État qui a suggéré d'interdire aux joueurs de se congratuler après avoir marqué un essai ! Quatre-vingts minutes à s'entremêler, s'enserrer, se plaquer, et en cas de marque, garder ses distances ? Comment veux-tu qu'on prenne ces gens au sérieux ? C'est un détail presque risible, mais il symbolise l'infantilisation qui nous harcèle chaque jour.

Quoi qu'il se passe par la suite, un doute planera toujours sur les tenants et les aboutissants de cette pandémie. Sur les mesures sanitaires. D'abord sur les obligations vaccinales pour désengorger les lieux de réanimation. Si on n'avait pas fermé autant de lits, en serait-on arrivés à oppresser ainsi toute une population pour sauver la face ? Et puis, on nous a affirmé, à grands coups de publicité d'État, que le vaccin nous protégeait de la contamination. Le temps a prouvé que c'était faux. Et, plus inquiétant, on s'est obstiné à injecter à nos enfants un produit aléatoire, alors qu'aucun ne risquait un développement grave.

Donc, j'accuse !

J'accuse nos gouvernants sinon de mauvaise volonté et de faute grave, au moins d'incompétence coupable. Je crains que nous ne découvrions avec les années des conséquences irréversibles.

J'espère de tout cœur que le temps me donnera tort.

Maman intervient :

— Je ne te comprends pas bien, mon petit. Tu dézingues gravement les politiques, presque jusqu'à les accuser de complicité de meurtre, et en même temps tu échanges des messages amicaux avec Macron. Comment peut-on être à la fois adversaire et ami ?

— Non, Maman, pas ami. Relation privilégiée lointaine tout au plus.

— Je peux te poser une question ?

— Oui.

— Tu es de quel bord, en vrai ? Même moi, je ne l'ai jamais vraiment su. Moi, j'ai été gaulliste et je le suis restée jusqu'au bout. Et toi, je t'ai vu t'éparpiller. Un jour me chanter les louanges de Mitterrand, un autre t'acoquiner avec Chirac. Tu t'es rangé du côté des premiers Gilets jaunes, et en même temps tu réclames une police plus forte. Ça fait un peu girouette, non ?

— Non. C'est mon goût des autres sans ségrégation.

— Admettons. Mais peut-être que tu y trouves aussi un retour intéressé. Professionnellement ça peut aider, d'être bien avec les décideurs.

— Certainement pas. Je sais que ça existe, mais pas pour moi. Et j'en suis fier.

C'est la condition sine qua non à mes relations avec les politiques. N'être redevable de rien. J'en fais une question d'honneur. Ne jamais ni solliciter, ni accepter la moindre faveur de ce genre. Et je n'en ai jamais eu, par bonheur. Ça a même été le contraire. J'en ai des preuves concrètes. J'ai été proche de la campagne de Chirac et de Hollande. Six mois après l'élection de Chirac j'ai dégagé de TF1. Hollande a installé Ernotte qui m'a viré sans ménagement. Et l'expulsion a eu lieu sous le règne de Macron Ier.

— Tu es stupide, alors.

— Non, je suis juste curieux des mystères de la puissance politique. Une sorte d'ethnologue particulier. Et si je le suis, c'est un peu à cause à toi. Souviens-toi, il y a soixante ans déjà.

11 h 15, le 18 mai 1962

Au début des années 1960, nous habitions à Tulle, en Corrèze. J'avais 7 ans. À quelques centaines de mètres de notre minuscule appartement, il y avait une prison dans laquelle étaient enfermés les généraux du putsch d'Alger. Le canon des essais de la DCA grondait tous les soirs à la même heure. Je crois bien que c'est ce son sourd et angoissant qui m'a fait passer de Bonne nuit les petits *à* Bonjour les grands. *Un écho de la guerre d'Algérie et de sa politique d'indépendance qui claquait chaque soir à mes oreilles.*

Ce 18 mai 1962, le général de Gaulle fait une visite officielle en Corrèze. Sa traversée de Tulle est plus que lourde de sens. La foule est immense et incroyablement enthousiaste. Maman ne pouvait pas rater ça. De Gaulle, c'était son Dieu vivant. Elle m'a emmené, évidemment. Il était hors de question que son petit ne sente pas au plus près l'empreinte de son géant. Je la soupçonne même d'avoir prié en secret dès ma naissance pour que son bâtard ait un destin glorieux proche de celui qu'elle admirait tant.

Orgueilleuse à l'excès, elle me murmure à l'oreille :

— Regarde, mon petit, c'est un homme comme ça que je voudrais que tu deviennes.

À son passage, elle me tend vers lui. De ma petite taille à la sienne si imposante, j'ai le souvenir d'un pachyderme. Ce fut furtif mais cette image m'a marqué à vie. Peut-être est-ce là, dans mon subconscient, le déclencheur de mon intérêt pour les choses de haute politique.

Par la suite, le fantôme de De Gaulle sera omniprésent dans mon parcours. Et parfois avec des synchronicités étonnantes. La première est une correspondance de dates tragique. Maman est morte un 22 novembre, date anniversaire de la naissance de De Gaulle, son maître à penser. Troublant.

Et puis, c'est pour lui faire plaisir que dès mes 12 ans j'ai inauguré mes talents d'imitateur avec la parodie du Général. Même avec ma voix qui n'avait pas encore mué, comme elle était fière de me voir lui emprunter ses mimiques et son parler ampoulé ! Cet embryon d'imitation me mènera de longues années plus tard à un moment bien plus solennel qui fait partie de mes souvenirs les plus impressionnants.

En novembre 1992, Claude Chirac m'avait sollicité :

— C'est les 60 ans de Jacques. Tu ne voudrais pas lui faire une surprise ?

— J'ai peut-être une idée.

Chirac était maire de Paris. À l'Hôtel de Ville, dans une salle immense, il trônait au milieu d'une table en U. Autour, tout ce que la société du spectacle pouvait aligner de stars. D'Aznavour à Johnny. De Depardieu à Rostropovitch. À un moment, sans qu'il s'y attende, Line Renaud a entraîné *« le grand »* par la main et l'a installé en plein milieu de la salle, seul sur une chaise. Et la surprise est entrée. Te dire que je n'en menais pas large est un euphémisme.

Je possédais parfaitement l'imitation du Général. Grimé, en tenue militaire, je me suis approché pour faire au nouveau sexagénaire un discours bienveillant d'anniversaire avec une voix copie conforme et solennelle. Je t'avoue que j'ai rarement eu autant le trac. Surtout qu'à chaque mot qui sortait de ma bouche j'entendais en moi résonner la fierté de Maman.

À la fin du discours, sous les applaudissements, Jacques s'est approché pour me remercier, en me glissant à l'oreille :

– C'est encore plus impressionnant de près !

Ce *« moment de bravoure »* nous amène tout droit au dernier point de synchronicité. Aujourd'hui j'ai 68 ans. De Gaulle est né en 1890. En 1958, 68 ans, c'est l'âge qu'il avait quand il a commencé à gouverner la France. C'est l'âge que j'ai choisi pour boucler la boucle. Un peu pour moi et beaucoup pour Maman. Je suis en train d'écrire, et je vais jouer bientôt une pièce de théâtre qui s'appelle *Le Retour du Général.* Une fiction dans laquelle de Gaulle, à force d'entendre sans arrêt des références à lui, décide de redescendre sur terre pour essayer de sauver la France une fois de plus. Tel Rambo, il revient et il n'est pas content !

Cette pièce, bourrée d'anachronismes, j'en salive d'avance. Je possède parfaitement le personnage aussi bien vocalement que physiquement. Et surtout bien au-delà de la performance d'acteur, je sais déjà que ce sera le plus bel hommage que je puisse rendre à Maman. En souvenir des mots de Tulle, au passage du *« pachyderme ».*

– Regarde, mon petit, c'est un homme comme ça que je voudrais que tu deviennes.

– Je vais renaître en lui bientôt, Maman. Pour de faux. Et même si c'est sur le ton de la farce, jamais je ne lui manquerai de respect. Quels que soient les bons mots et les situations hétéroclites, je n'écorcherai sa prestance en aucun cas.

Prestance, c'est le mot qui me vient en premier quand j'évoque les politiques d'avant. Ceux du siècle dernier. De Gaulle, Pompidou, Giscard, Mitterrand. Prestance et distance. Je sais que ça fait nostalgique radotant. Je sais qu'on a changé d'époque. Mais il aurait été insensé d'imaginer un seul instant pouvoir taper dans le dos de ceux-là. Leur quête électorale ne les poussait pas, comme aujourd'hui, à la jouer *« pote de barbecue »* en bras de chemise. C'est une des postures qui m'indisposent le plus dans la conduite des élus d'aujourd'hui : la familiarité obligatoire.

Et puis, il y a aussi une question de carrure, d'aura naturelle. Président de la République, pour moi c'est aussi une stature. À la fois culturelle et physique. Et là, le *« pachyderme de Tulle »* est ancré à tout jamais dans ma mémoire. Récemment, je confiais discrètement à un ami, hors micro bien sûr, pour ne pas tomber sous le coup d'accusations de dénigrement physique :

— Je n'ai rien de particulier contre Zemmour, mais un éléphant royal, ça en impose quand même plus qu'une marmotte à lunettes !

Et puis, comme je te le disais plus haut, même si je trouve l'exercice instructif, *« De Gaulle face à Baba »*, je ne suis pas certain que ce genre de débat valorise la fonction républicaine.

Et là :

— *Mea culpa, mea culpa, mea maxima culpa !*

Ce mélange des genres que je trouve aujourd'hui si discutable, j'en ai été un des grands précurseurs. En 1984, dans mon émission *Carnaval* sur TF1, j'ai été le premier à inviter les politiques à se mélanger à la variété. Chirac, Jospin, Léotard, Defferre, Toubon, Lang ont tous joué le jeu au milieu d'un public rigolard et déguisé.

Ç'a été un carton d'audience, et pour les Français un plaisir gourmand de voir enfin les politiques casser les codes du strict et du lointain. Un de mes titres de gloire cathodique. Mais je t'avoue que je regrette sincèrement d'avoir été un des instigateurs de ce mélange politique/spectacle. Aujourd'hui, c'est le passage obligatoire. Paillettes et profession de foi. Stand-up et patrie. Au détriment certain d'une crédibilité sans cesse en baisse.

Je te rassure, ma petite responsabilité nationale en la matière est infime par rapport au reste du monde. Il y a bien longtemps que le show est la condition sine qua non d'une campagne politique réussie. Dans toutes les démocraties du monde, c'est porte ouverte au spectacle. Avec tous les risques que cela comporte. Le président ukrainien Zelensky vient de mon sérail. Celui des clowns libres-penseurs. J'en suis d'autant plus solidaire, forcément. Mais, pas sûr que son combat frontal avec des intransigeants à l'ancienne ne soit pas une cause perdue d'avance. Avec tous les dommages collatéraux infligés au peuple que cela implique, hélas ! Pour les cruels professionnels de la maîtrise autoritaire qu'il défie, force doit rester au pouvoir des garnisons. Pas à celui des cafés-théâtres.

On ne mélange pas les torchons et les soviets !

L'écho multiplié monte de Potemkine
De la chute des tsars aux morts du roi Poutine
Un landau qui descend l'escalier d'Odessa
Pour tant d'enfants tués, qui peut justifier ça ?

Alors, pour clore le sujet, et parce qu'un peu d'humour noir ne peut pas faire de mal, réservez déjà vos places pour le 21 juin :

« À Kiev, Poutine organise la fête de la moujik ! »

Ce mélange politique/spectacle, je le paierai très cher en 1995. Il a même failli mettre un terme définitif à ma carrière. Pour moi, c'était plus qu'une injustice. Ça reste la plus grande saloperie médiatique que j'aie eu à subir. Et puisqu'il s'agit de pendules à l'heure, je tiens à les mettre une bonne fois pour toutes. C'est aussi, sans aucun doute, pile dans le sujet de ce livre, ma plus belle renaissance cathodique. Quand tout le monde me donnait mort, j'ai réussi à exister après. Et j'existe encore.

Autour de moi, on me dit :

— Pourquoi revenir là-dessus ? À quoi bon remuer tout ça ? Tu en as déjà beaucoup parlé. C'est loin maintenant.

— Pas dans ma conscience. C'est une question d'honneur. Et j'assume chaque mot que je vais employer, quelles qu'en soient les conséquences.

Rappel des faits.

En septembre 1995, déguisé en Le Pen, j'avais parodié la chanson de Bruel « Casser la voix ». C'était devenu « Casser du Noir ». Une caricature. L'exagération du racisme exprimé par Jean-Marie. L'idée était non seulement de faire cette caricature, mais d'aller la montrer à l'intéressé. Pour analyser sa réaction à la charge. Ce que nous avons fait. Il en a ri. Ce qui ne nécessitait aucun commentaire supplémentaire de ma part. Si cette charge outrancière l'amusait au lieu de l'indigner, cela voulait dire que ce racisme était bien réel et haïssable.

J'avais dit aux téléspectateurs :

— Vous jugerez vous-mêmes.

D'ailleurs la majorité du public n'y avait vu là qu'une caricature de plus. Les pro-Le Pen une attaque supplémentaire contre leur gourou. Et les antis, confortés par la vue de sa réaction amusée, la confirmation qu'il était bien le raciste qu'ils dénonçaient. Seulement voilà, entre la France profonde et celle des *« milieux autorisés des médias »* le fossé est immense. Surtout quand derrière la parodie de façade d'un histrion futile et populaire se cache une vraie pensée politique. Et c'était le cas.

Mon intention allait au-delà de la simple caricature. À cette époque, Le Pen était attaqué en permanence sans vraiment qu'on lui accorde un droit de réponse. Ce qui ne faisait qu'augmenter le troupeau de ses soutiens. Quand on est exclu, on se rapproche toujours de celui que les médias mettent en quarantaine.

Cette séquence était l'occasion de tenter, pour l'humaniste chronique que je suis, d'en diminuer le nombre. En démontrant à ses suiveurs que, d'accord, on le caricaturait à l'extrême, mais au moins on lui donnait la possibilité de se défendre. Sa manière goguenarde de le faire a d'ailleurs confirmé que j'avais ciblé juste. L'envie sordide de casser du Noir n'était pas bien loin du fond de sa volonté. Et j'ai été ravi de cette démonstration d'intolérance aux antipodes de mes convictions intimes.

C'était compter sans le mépris et la hargne des bien-pensants. Pensez donc ! Un clown de bas étage ne peut pas avoir de pensée politique. Un primaire ne peut faire que des sketchs lourdingues. Pour eux, c'était la farce d'un gros con sans la moindre parcelle de raisonnement.

— Ça pue l'artiste !

Un des gros titres les plus aimables. Toute la presse m'a traîné dans la boue. Un tsunami médiatique. Une exécution qui a même volé la vedette à celle de Khaled Kelkal, le terroriste le plus dangereux du moment. Ça a été l'occasion, de surcroît, de faire tomber de son piédestal un pur produit TF1 qui caracolait en tête des audiences. Quand le succès est insolent, il allume les jalousies les plus perverses.

La curée a été foudroyante.

Les insultes me sont tombées dessus de partout. Au point même que je sois obligé d'aller défendre ma bonne foi au journal de 20 heures. L'hallali ! Et encore, les réseaux sociaux n'existaient pas. La même affaire aujourd'hui et je serais enterré à vie. Même Dieudonné, si décrié par les mêmes aujourd'hui, s'est joint à la chasse à courre pour dire sans qu'on s'en offusque :

— Sébastien, il faudrait le finir au lance-flammes !

Difficile de faire plus violent. En notant au passage que les plus virulents ont été les journalistes de *Charlie Hebdo*. Eh oui ! Je te le mets entre guillemets pour que tu captes bien l'incohérence. *« Les journalistes de* Charlie Hebdo *ont tout fait pour me faire payer une caricature. »* Car ce n'était que cela. Une *« caricature »*. J'ai encore souligné le mot exprès. Il me semble que ce mot dans la bouche de ces gens-là reste un symbole intouchable de la liberté d'expression. Eh bien ! Pour cette affaire-là, non. Deux poids, deux mesures. La victimisation à géométrie variable m'étonnera toujours.

Mon ami Georges Wolinski ne faisait pas partie de la meute. Quand nous avons évoqué cet événement des années plus tard, il m'a confié :

— On est fous. S'en prendre à une caricature à ce point d'aveuglement ! On est en train de scier la branche sur laquelle on est assis !

Dramatiquement visionnaire, hélas !

En point d'orgue, une noria d'associations m'ont intenté un procès pour *« incitation à la haine raciale »*. J'ai été condamné. C'est la pire de mes blessures professionnelles. Une saloperie que je n'accepterai jamais. Être condamné pour le contraire de ce qu'on a voulu démontrer, c'est une infamie. Être accusé en personne des propos qu'on a fait tenir à sa marionnette, c'est inacceptable.

Comme si on avait condamné Chaplin dans *Le Dictateur* pour apologie du nazisme.

Surtout quand on lit l'intitulé du jugement :

« *Patrick Sébastien n'est pas raciste. Il n'a pas eu l'intention de l'être. Mais les Français ne comprennent pas le deuxième degré.* »

Bandes d'ordures ! Édicter un jugement avec un tel mépris pour l'intelligence du petit peuple. Condamner un innocent au simple prétexte qu'il ne respecte pas les codes officiels de la bien-pensance. Ça, c'est de la ségrégation ! Et même si ma nature est au pardon, je garderai toujours au cœur une rancœur indélébile contre les coupables de cet assassinat dégueulasse.

Surtout qu'en plus de cette sanction j'ai eu droit aussi à une plainte de Le Pen pour diffamation de son image publique. Et le même tribunal qui m'avait condamné à 3 000 euros d'amende pour la prétendue incitation à la haine raciale m'a condamné à exactement la même somme pour le préjudice à Le Pen.

Kafkaïen. Puni à la fois pour une chose et son contraire !

Tu peux donc imaginer aisément le mélange de rage et de dégoût qui m'habitait dans cette tempête. Plus un découragement total. Mon image injustement salie. Ma boîte de production en naufrage. À ce moment-là, j'ai vraiment touché le fond. Mes chances de renaître après ça étaient quasiment nulles.

Et c'est là que, pour la deuxième fois, copie conforme de la nuit de Noël 1990, j'ai encore envisagé la solution du « *luisant* ».

14 heures. 14 novembre 1995. Bon anniversaire Patrick !

Même lieu. Le cimetière de Juillac, au pied de la tombe du petit. Le cyclone est au plus haut de sa violence. Ils sont arrivés à leurs fins. Ils ont fait pression sur les publicitaires pour faire retirer leurs écrans de mon émission, ce qui bien sûr handicape fortement TF1, mon employeur. Ça sent la sortie.

Et bien évidemment, débandade oblige, très peu de monde pour me soutenir publiquement. Même les artistes « amis », à part quelques-uns, se dédouanent de ne plus pouvoir apparaître à mes côtés.

— Tu comprends, on le sait que tu n'es pas raciste. On voit bien que tu es de bonne foi. Mais là, j'ai une promo importante, je ne peux pas me permettre de la mettre en danger.

— Je comprends.

Bien sûr que je comprends. Il est même possible que, dans une telle situation, je fasse pareil. Mais je la sens venir, la traversée du désert. Si tant est que j'en voie un jour la sortie. Seul, bien entendu. Parce que, bien évidemment, côté très intimes, là aussi il y a eu désertion. Alors bien sûr, la faute est pour moi. Irritabilité, colère, fragilité. Au quotidien, pratiquement impossible à vivre, mais bon ! Encore une fois, pas de surprise. Je le sais depuis toujours, qu'en cas de grosse tempête on ne peut pas vraiment compter sur l'équipage.

Le « luisant », ce jour-là, je n'en serre pas seulement la crosse dans ma poche. Je l'applique sur ma tempe. Je ferme les yeux un long moment, le doigt à fleur de gâchette. L'esprit complètement embrouillé. Et au dernier moment, comme si une main avait détourné la mienne, je tire juste au ras de ma tête. Et je m'écroule en pleurs. Une fois de plus, manque de couilles. Ou réflexe de survie.

Ou, plus vraisemblablement, un caprice du destin qui ne supporte pas qu'on change une virgule à ce qu'il a écrit.

— Non, non ! Ce n'est pas maintenant. Dans le scénario, il y a encore beaucoup de choses à vivre. L'heure viendra, mais pour l'instant, c'est remis à plus tard. Désolé pour le déplacement, mais pas de place à l'improvisation. Il faut respecter le script au mot près.

Aux maux près aussi. Allez vite la convalescence ! Elle durera encore de longs mois avant que j'arrive à passer une seule journée sans être hanté par ce sentiment brûlant d'injustice. Mais phénix, une fois de plus. Certainement ma renaissance la plus impressionnante. Comme quoi, le pire n'est jamais certain.

« Même s'il ne te reste qu'à t'accrocher à un rameau fragile, ne renonce jamais à te sortir des pires sables mouvants. »

Aujourd'hui, il ne subsiste de cette large blessure qu'une cicatrice à l'âme. Elle me rappelle chaque jour que mêler spectacle et politique est un terrain glissant sur lequel il vaut mieux éviter de s'aventurer en public.

Mais cela ne grève en rien mon plaisir d'y baguenauder en privé.

Les SMS échangés avec Macron font partie de cette balade. En toute lucidité. Je sais bien que je ne suis pour lui qu'un minuscule maillon d'une chaîne de plusieurs dizaines de correspondants dont il se sert pour adapter ses ressentis. Il a raison. D'un saltimbanque à un chef d'entreprise, d'un scientifique à un artisan, cela lui permet de prendre le pouls du pays. Et, à défaut de remède, de pouvoir affiner son diagnostic. Avec une préférence pour le ressenti des artistes. Parce que, mieux que tout autre, à fleur de sensibilité, ils sont les plus aptes à identifier les symptômes d'une société.

Le monde du spectacle et celui de la politique ont eu de tout temps une attirance mutuelle. C'est ainsi. Je ne dis pas que Jeanne d'Arc a piqué sa coiffure à Mireille Mathieu ou que Napoléon chantait du Serge Lama sous la douche. Non ! Mais, plus sérieusement et plus près de nous, cette proximité s'est manifestée bien des fois : le goût de Giscard pour l'accordéon, de Mitterrand pour Dalida, de Chirac pour Madonna. Plus intimement, le couple Sarkozy-Carla Bruni en est la démonstration officielle. Et tout ça sous l'égide, entre autres, de Christian Clavier à droite et de Pierre Arditi à gauche, les saints patrons des ralliements de circonstance.

Cette connivence entre artistes et décideurs est omniprésente. Parfois même, l'attirance du politique pour le spectacle est l'exutoire d'une vocation artistique avortée. Copé se rêvait pianiste, Macron comédien et Robert Hue batteur. Le Tapie ministre chantait *« J'aurais voulu être un artiste »*. Peut-être faut-il voir dans ces rêves intimes contrariés ce besoin de plus en plus envahissant de faire le show.

Les meetings politiques ne sont rien d'autre que des concerts pour fans conquis. À droite, on balance le tube « La France aux Français », à gauche « Salauds de riches ». La foule hystérique trépigne, acclame. On repart avec un tee-shirt ou un mug dédicacés. Et la star escortée s'enfuit par une porte dérobée sous les hourras de la foule ! Du Bruel ou du Céline Dion des grands jours. On peut comprendre la griserie des candidats. Même si, au nom de la conscience d'État, il est difficile de leur pardonner de prendre l'Élysée pour l'Olympia.

Pour résumer, moi le saltimbanque, je continue cependant à prendre un réel plaisir à côtoyer dans l'intimité des politiques de tous bords. En *« ethnologue particulier »*, comme je te le confiais plus haut. Et comme ils sont friands de ces partages, tout le monde est content. Parfois superficiellement, à la sortie d'un studio. Parfois lors de repas au cours desquels la convivialité pousse à se dévoiler plus longuement. C'est ainsi que je peux passer allègrement, en pareille complicité amicale, de Robert Ménard à Xavier Bertrand qui pourtant ne s'estiment pas vraiment. De Roselyne Bachelot à Fabien Roussel, si éloignés dans leurs convictions mais si proches dans leur envie de mordre la vie à pleines dents. Sans chichis, et si possible autour d'un bon verre.

Et puis il y a aussi ces autres complicités inattendues, venues d'un passé lointain. Par exemple ce môme qui avait assisté à un de mes spectacles à l'Olympia dans les années 1980. Fan d'imitations, il voulait en faire son métier. Je l'avais reçu dans ma loge pour lui donner des conseils. Finalement, il a changé de voie. Il s'appelle Sébastien Chenu et aujourd'hui il est un des cadres du RN.

Et puis encore Christian Estrosi, le maire de Nice, un ami de quarante ans. Au début des années 1980, il était un pilote moto particulièrement brillant. Nos liens de sponsoring mutuel par une entreprise star de l'apéritif nous avaient amenés à aller ensemble à New York, accompagnés entre autres de Jean-Pierre Rives, star du rugby, et de Michel Mouillot, le futur maire de Cannes. La balade a été un festival de farces en tous genres. Le point d'orgue de nos divers délires festifs a été une gigantesque bataille de tartes à la crème avec Christian en haut du World Trade Center. Un lâcher-prise tellement éloigné du quant-à-soi obligatoire de l'homme politique d'aujourd'hui amidonné par sa fonction.

C'est en ça surtout que j'apprécie ces rapports divers. Sous le masque officiel, découvrir un peu de la vraie nature.

On croit Hollande apathique et monotone. Il est vibrant et doté d'un sens de l'humour qui dépasse souvent celui de beaucoup de stand-up à la mode. Pour moi, il n'a rien du Flanby. Si on doit rester dans la métaphore gourmande, je dirais plutôt : « *Ay Pepito !* »

Bedos avait traité Nadine Morano de conne. Elle l'est sûrement un peu, puisque nous le sommes tous plus ou moins. Mais elle est surtout une bonne vivante, avec laquelle j'ai passé une soirée mémorable de gaieté et d'excentricités dont, évidemment, je ne peux pas te livrer tous les détails.

On imagine Jack Lang distant et ampoulé. Au repas d'anniversaire de mes 50 ans je l'avais placé à la table de Jean-Louis Lassalle, un pote auvergnat tout en gouaille. Un ogre de vie généreux à outrance, jamais avare d'une plaisanterie aussi lourde que lui. Il a plié de rire notre ministre de la Culture, qui m'a avoué avoir rarement passé une soirée aussi drôle et rencontré un être aussi rare.

Conclusion : de Rocard à Léotard, de Chirac à Bayrou, d'Édith Cresson à Rachida Dati, de Gaston Defferre à Philippe Douste-Blazy, entre tant d'autres, tous ceux que j'ai croisés dans l'intimité ont été ou sont encore bien éloignés de l'image que leur fonction a renvoyée au tout-venant.

Pour clore ce tour d'horizon de mes intimités politiciennes plutôt positives, je vais terminer par une qui l'est beaucoup moins. Je pense qu'elle peut même résumer à elle seule le cynisme indispensable à la fonction. L'homme dont je vais te parler a certainement de grandes qualités humaines. Mais ce qu'il me reste de ma rencontre avec lui illustre parfaitement le fossé qui sépare le masque obligatoire de la vraie nature.

C'était à l'occasion d'un mariage dans la sphère politique. Je souhaitais me renseigner pour connaître les ficelles qui permettent d'avoir toutes les chances de devenir président. Toujours ma curiosité d'*« ethnologue particulier »*. Le personnage était la source de toutes les attentions. Logique. Futur candidat à la fonction suprême, il ne s'était pas encore déclaré, mais il préparait déjà le terrain.

On s'est éloignés des flonflons pour faire une pause dans un coin à part. Il m'a expliqué en parfaite convivialité un peu de son plan d'action. Il a insisté sur la forme physique qu'il fallait entretenir, parce que c'était une véritable course de fond qui l'attendait. Puis il m'a dévoilé quelques ficelles pour convaincre. L'importance des réseaux, des conseillers en image.

Au bout d'une demi-heure, j'ai fini par lui demander :

— Et pour les gens, qu'est-ce que tu comptes faire ?

La réponse m'a abasourdi :

— Tu t'en fous des gens ! Même si tu sais que tu ne les tiendras pas, tu leur fais un maximum de promesses. C'est la règle du jeu. De toute façon, ils n'ont pas de mémoire une fois que tu y es. Et l'important, c'est d'y être. Donc, pour y arriver, tous les moyens sont bons.

Et il y est arrivé.

Maman bondit :

– C'était quand même pas mon Chirac ?

– Non, Maman, ce n'était pas « *ton* » Chirac. Je te le jure.

Chirac était d'un autre calibre. Aussi roué, menteur, machiavélique, impitoyable que les autres. Souvent même plus. Mais son cynisme n'allait pas jusqu'à mépriser les gens à ce point. Trahir, calculer, écraser ses adversaires, c'est l'ordinaire d'un ambitieux de ce genre, s'il veut arriver à ses fins. Il ne s'en est pas privé. Mais, humainement, par rapport au peuple, il y a des choses qu'il ne se serait jamais autorisées. Je l'ai même vu souvent faire preuve d'un altruisme et d'une générosité rares, sans même que ce soit rendu public.

Un journaliste m'a demandé un jour qui, à mon avis, il avait le plus trahi. J'ai répondu :

– Lui-même. S'il voulait arriver au sommet, il était obligé de ne pas faire de quartier. On ne gagne pas ce genre de bataille sans laisser des cadavres derrière soi. Et non seulement c'était un stratège accompli, mais surtout un guerrier impitoyable. Mais presque contre sa nature. Son humanisme était profond et sincère.

Au sujet de Chirac, je ne serai pas trop long. Dans mes livres précédents je me suis déjà beaucoup étendu sur mes relations avec lui. Notre Corrèze commune. Notre presque gémellité d'image publique : des « *grands cons sympathiques* », comme disaient ses adversaires et les miens. Toutes proportions de destins gardées, bien entendu. Il était un aigle, je ne suis qu'un passereau. Notre amitié était réelle. Nos partages d'humour et d'humeurs étaient épisodiques, mais toujours empreints d'une estime mutuelle. Et je serai toujours fier d'avoir été le témoin privilégié de sa force de caractère. Quand, au plus bas des sondages, quelques mois avant l'élection présidentielle de 1995, il y croyait dur comme fer. Alors que tout le monde le donnait mort.

Il m'avait confié :

— Je vais gagner. Parce que la plus grande force d'un homme, ce n'est pas le pouvoir, c'est le vouloir.

Et il a gagné. Si ça, c'est pas de la renaissance !

Je ne détaillerai pas outre mesure, quand je lui avais rendu visite quai Voltaire une fois retiré, mon désespoir de voir à quel point la maladie avait fait de ce monolithe indestructible un vieux caillou usé. Mes larmes aux yeux quand, à tout petits pas, il m'avait raccompagné à la porte, appuyé sur mon épaule. La gorge serrée, j'ai compris ce jour-là à quel point toute puissance est factice face au temps qui détruit.

Je pourrais écrire tout un livre sur lui, mais j'ai trop de respect pour sa mémoire pour dévoiler d'autres intimités. Je vais quand même t'offrir un scoop. Une exclusivité. Un secret que jusque-là je n'ai jamais révélé. Un tour de passe-passe qui a échappé aux *« journalistes informés »*. Ce secret, je le tiens de sa bouche. Je n'écarte pas l'hypothèse qu'il ait menti une fois de plus, mais je ne crois pas. Tu jugeras par toi-même.

Peut-être que cette confession surprenante t'aidera à mieux comprendre l'homme. Et au-delà à synthétiser tout ce que j'ai écrit dans ce chapitre sur la politique. Et peut-être aussi te permettra-t-elle de prendre conscience, comme moi, que si l'on devait étalonner tout homme politique à un métier du spectacle, ce serait celui d'*« illusionniste »*.

20 heures. Le 21 avril 1997.

Président de la République depuis 1995, Chirac annonce la dissolution de l'Assemblée nationale. Cela entraîne la tenue de législatives, un an avant le scrutin officiel prévu pour 1998. Au bout de deux ans de règne, la France est mécontente. La grogne monte partout dangereusement.

La majorité voit dans cette dissolution l'occasion de provoquer un sursaut et de conforter ses pouvoirs. Mais le sursaut n'aura pas lieu. La gauche gagnera et s'installera la plus longue cohabitation de la Ve République. Chirac restera président, avec un gouvernement de gauche et Jospin Premier ministre. Pour tous les observateurs, c'est le grand échec de Chirac. Une erreur stratégique monumentale.

Pas forcément pour moi.

Entre la dissolution et le scrutin, on s'est parlé en toute intimité. Alors que ses troupes croyaient au sursaut, le vieux guerrier luttait bien sûr pour que le peuple le conforte. Mais en façade. Pourquoi en façade ? Voilà ce qu'il m'a avoué, en sachant pertinemment que ma loyauté m'interdirait de le répéter à qui que ce soit. Aujourd'hui, il y a prescription. Je peux.

— En vrai, pourquoi as-tu dissous ? ai-je demandé.

— Pour, comme ils le pensent tous autour de moi, conforter notre légitimité. Tu as vu le bordel. Ça gueule de partout. Si la France par son vote cautionne une Assemblée de droite, on repart bien plus armés.

— C'est pas idiot.

Il a laissé passer un silence. Et droit dans les yeux, il m'a demandé, amusé :

— Tu me crois ?

— Oui.

Il a souri et m'a glissé sur le ton de la confidence :

— Tu as tort. Je ne crois pas vraiment au sursaut. Mon instinct profond me dit que la gauche va gagner.

— C'est un suicide, alors ?

— Absolument pas. Au contraire. Le mécontentement prend des proportions vraiment inquiétantes. Si ça continue, je vais tous les avoir dans la rue et dans cinq ans je

n'aurai aucune chance d'être réélu. Et ça, au mieux. Parce qu'au pire, ils sont capables de me pousser à partir avant. Et, tu me connais, c'est hors de question.

Il a pris un temps et il a poursuivi :

— L'opposition va gagner. Je vais être obligé de cohabiter avec un gouvernement et un Premier ministre de gauche et ce sont eux qui vont les avoir dans la rue. Je les laisserai s'étriper entre eux, et en 2002 je serai réélu.

Et il ajouté avec un large sourire :

— Tranquillou ! Comme on dit chez nous !

La gauche a gagné les législatives. Jospin est devenu Premier ministre du gouvernement de cohabitation. En 2002, il s'est présenté à l'élection présidentielle et n'a même pas passé le premier tour. Avec 82,21 % des voix devant Le Pen, Chirac a été réélu.

Tranquillou !

On est en février 2022.

À deux mois du scrutin présidentiel, Macron n'a toujours pas officialisé sa candidature. Il laisse les autres candidats s'étriper entre eux. En attendant le scrutin, je vais arrêter provisoirement l'écriture de ce chapitre. Je la reprendrai après le résultat de l'élection. Dans deux mois pour moi, dans quelques lignes pour toi.

Pour devenir président, il faut être acharné, déterminé, calculateur, impitoyable et surtout visionnaire.

Ce sens de l'anticipation ne s'apprend pas à l'Ena.

C'est un instinct de grand fauve.

Tapi dans la jungle, Macron attend.

Tranquillou !

Mon pronostic « *Winamax* » ?

Je pense qu'il va repasser. Pour une raison toute simple : *l'incertitude.* Depuis, deux ans, entre la Covid, l'insécurité et maintenant la guerre en Ukraine, nous vivons en déséquilibre. Avec chaque jour la peur de tomber. Alors, bien sûr, une majorité de Français ne supportent plus cette gouvernance lointaine et parfois arrogante. Mais tout changer implique de partir à l'aventure sans savoir si ce qu'on trouvera sera mieux que ce qu'on lâche. Comme celui qui s'ennuie avec sa femme et qui est tenté de s'enfuir avec sa maîtresse. Le Français, par nature, est plus casanier qu'aventurier. Alors, je prends le pari du statu quo à contrecœur. Et quoi qu'il se passe le 24 avril, je ne changerai pas une ligne à ce pronostic.

On verra bien !

23 heures. Le 24 avril 2022. Martel.

À chaud. Je viens de suivre la soirée électorale.

Vive la démocratie !

Le droit d'aller voter, le pouvoir de choisir
En toute liberté celui qu'on va élire
C'est en démocratie, au nom de ces valeurs
Que le peuple soumis choisit son dictateur.

J'ai été assez juste dans mon pronostic. Une abstention record et la victoire du président sortant. Je me suis quand même trompé sur l'écart entre les deux prétendants. Je pensais que ce serait plus serré. Et je n'avais pas vu venir non plus le score de Mélenchon au premier tour. À ma décharge, j'avais écrit avant les deux dernières semaines de campagne. Le jeu de mots est facile, mais pour moi c'est dans les dernières longueurs que Marine a coulé. Calculatrice, usée, étriquée dans ses convictions trop répétées. En bout de course, quoi !

Ce que je pense aujourd'hui n'engage que moi. La France est en colère, et sa révolte n'a pas le bon représentant. Mais existe-t-il ? Pour rester dans le sujet du livre, je crains fort qu'une renaissance ne soit pas à l'ordre du jour. Pire, que, en panne de leader digne de ce nom, la rue prenne sous peu le pas sur les urnes. Ce soir, je suis inquiet, donc.

Certains de mes amis, connaissant mes relations avec Macron, m'ont imaginé triomphant.

— Tu dois sabler le champagne !

Certainement pas. Bien au contraire. L'autosatisfaction de la cour du roi au Champ-de-Mars m'a irrité au plus haut point. Pour être plus trivial, l'indécence à parader au détriment de la déception des adversaires et des abstentionnistes me fait gerber. Le spectacle de la mise en scène, des partisans toutous, des ministres fiers-à-bras me laisse un goût âcre.

Que Macron ait été réélu faute de mieux, pourquoi pas ? Comme tu peux le pressentir, à défaut d'adhérer à son programme en tout point, j'aime bien l'homme. Parce qu'il a une intelligence hors norme, une réelle empathie, et le sens des responsabilités. Mais je ne suis pas un soutien. Juste une petite voix amicale lointaine pour tenter de lui faire passer humblement le message de ceux qui souffrent le plus.

« Pour détourner l'avion, il faut être dans l'avion ! »

Dans son discours de ce soir, il a cité souvent le mot *« bienveillance »*. Dans les messages que nous avons échangés depuis quelques années, je pense que c'est la valeur que j'ai le plus tenté de lui instiller. Alors soit ! Il semble y adhérer. Mais je prie pour que cela ne reste pas une posture de plus.

Cependant, au-delà de lui, n'attendons pas de ceux qui nous dirigent ce dont nous pouvons très bien nous acquitter nous-mêmes. Quel que soit ton vote d'aujourd'hui, le bien-vivre ensemble dépend surtout de toi. Si tu pouvais faire de cette bienveillance que je te vante tant le phare de ta vie, tu résisterais mille fois mieux aux tempêtes. Mais pas seulement en en faisant une idéologie presque utopique. En l'appliquant au quotidien.

Comme on le dit pour l'amour :

« Il n'y a pas de bienveillance, il n'y a que des preuves de bienveillance. »

Alors je ne m'étendrai pas plus. Je t'offrirai juste, pour terminer ce chapitre, un texte que mes aficionados connaissent. Je te l'avais déjà servi dans un livre précédent. Mais ce soir, il est encore plus d'actualité. Nous sommes en état d'urgence sociale et humaniste. Il serait bon de commencer à renaître avant que notre égoïsme, la violence de plus en plus omniprésente et nos divisions de castes nous réduisent totalement en cendres.

La bienveillance

C'est lorsqu'un sourire est le reflet d'une larme
Quand le son d'un « je t'aime » recouvre un bruit d'alarme.
C'est un jour partagé, c'est une main tendue
Un reproche avéré que l'on a retenu.

C'est se voler du temps, des minutes, des heures
Pour donner tout autour du soutien, des chaleurs.
C'est comprendre, écouter, c'est écrire une lettre
Même quand on a froid, laisser la porte ouverte.

C'est mentir au mourant, inventer un demain
À celui dont la nuit n'aura pas de matin.

Soutenir, secourir, et les yeux dans les yeux
Quand l'autre est à genoux, être debout pour deux.

C'est se dire qu'on n'a rien d'un saint ou d'un apôtre
Mais qu'il est juste humain de s'occuper des autres
Que Dieu fait ce qu'il peut, mais qu'il est débordé
Que c'est à nous de faire ce qu'il a oublié.

Ce n'est pas forcément être miel et douceur
Il faut parfois forcer les serrures du cœur,
Aimer par effraction, être juste et sévère
Pour remettre à l'endroit ceux qui pleurent à l'envers.

C'est élever la voix pour élever l'enfant
Quand les mots murmurés ne sont pas suffisants,
Le gronder quelquefois pour ne pas qu'il s'égare,
Pour qu'il prenne son train sans se tromper de gare.

C'est commander, trancher, c'est avoir du courage
Juste s'apitoyer peut n'être qu'un outrage
Bousculer les acquis, réveiller les consciences,
C'est aussi la mission de toute bienveillance.

C'est prévoir, prévenir, toujours anticiper
Construire des ponts-levis avant d'être cerné
Pour l'homme qui se noie, ne jamais oublier
Qu'on aurait dû avant lui apprendre à nager.

Ce n'est pas se voiler de nos deux mains la face
Et détourner les yeux au reflet dans nos glaces
Il n'est de pire miroir que le malheur des autres
En faisant leur bonheur, on fabrique le nôtre.

C'est aimer bien plus loin que le bout de son cœur
Oublier sa fierté, oublier ses rancœurs,
C'est ne pas condamner même le détestable
Il n'est de vrai pardon que pour l'impardonnable.

C'est ne pas jalouser ni les rois ni les forts
Avoir de l'indulgence pour leurs abus, leurs torts,
C'est se dire que chacun a droit aux fausses routes
C'est n'être sûr de rien, si ce n'est de nos doutes.

C'est aussi s'aimer soi, ne pas se flageller
À la moindre fêlure, aux amours barbelées,
Se garder de l'estime, hors du regard des autres
Parce que celui qui compte avant tout c'est le nôtre.

Si tu es bienveillant, tu vivras l'âme en paix
Même à contre-courant de la réalité.
Le monde est lâche et fou, cynique, impitoyable,
Il est si pauvre en anges, et tant peuplé de diables

Le mal est à la mode et les fourbes sont rois
Ne pas s'y aliéner est un chemin de croix
Et on peut s'épuiser à chaque main tendue
De croiser des ingrats qui lui crachent dessus.

Ne lâche pas, insiste, et surtout n'oublie pas
Ce que tu offres aux autres est un cadeau pour toi.
Comprendre, aimer, sourire, assister, partager,
Ne pas tout réussir, mais du moins s'efforcer.

Tout ce que j'écris là, ce ne sont que des mots.
Que je n'applique pas, chaque jour, loin s'en faut,
Mais je fais de mon mieux, et déjà, en parler,
Est un tout premier pas vers plus d'humanité.

Alors juste un conseil, une dernière phrase,
Ce que tu dois offrir à celui que tu croises :
Une épaule pour rire, une autre pour pleurer
Et quand survient le pire, les deux pour le porter.

En ce 24 avril 2022, le nouveau président a été élu par une majorité à contrecœur.

J'ai voté blanc.

Pour être raccord avec la couleur de l'homme de plus de 50 ans qui m'a coûté ma place à la télé.

C'était la moindre des choses.

Tous ces gens-là sont complices.

Alors subir l'injustice, comme vous tous, oui. Bien obligé.

Mais, quelles que soient mes amitiés, la cautionner, certainement pas !

SEXE, AMOUR, ET FANTAISIE

On surnomme l'orgasme « *la petite mort* ».

Peut-être parce que son frisson libérateur permet de calmer nos crispations internes pour nous aider à renaître plus apaisés. C'est pour cela que, dans ce chapitre, je vais te vanter entre autres les bienfaits du sexe. Une démarche forcément hasardeuse. Tant il est de bon ton d'aborder le sujet à la façon des « *trois singes* ». Ne rien voir, ne rien entendre, ne rien dire. J'en ai beaucoup vu, beaucoup entendu, et je vais tout te dire. Sans tabou ni précaution.

Pour ce qui est de l'amour en général, je tiens aussi à t'en exposer mon approche particulière. Elle n'engage que moi. Surtout qu'il est fort possible que mes choix libertaires la rendent bien trop iconoclaste pour toi. Quoi qu'il en soit, ma longue expérience en la matière m'a au moins enseigné une chose :

« Il faut tout faire pour éviter de mourir d'amour, tant les efforts pour en ressusciter sont douloureux. »

18 h 30. 22 septembre 1979.

Même si j'avais eu un « luisant » près de moi, je ne m'en serais pas servi. Et pourtant, la tentative de suicide est inscrite sur mon dossier d'admission à l'hôpital Laennec.

Eh oui, déjà !

Je suis en train de vomir tripes et boyaux. Avec le petit sourire en coin du toubib de service :

— Je pense que ça va te passer le goût de recommencer !

Il a raison.

Quelle tannée, ce lavage d'estomac !

Tout ça pour un chagrin d'amour. Histoire d'étalonner la grandeur de ma passion au nombre de cachets que j'ai avalés. Mais en prenant bien soin de prévenir celle qui en était la cause de ce que j'allais faire. Un classique. Une envie de mourir, mais pas vraiment. Pas comme aujourd'hui une éventualité bien réfléchie. Non. Un chantage imbécile, sur une pulsion qui l'était tout autant. Un drame pour moi bien sûr, mais qui par moments avait frôlé la farce.

Les services de secours prévenus avaient forcé ma porte. Suffisamment à temps pour me trouver dans un état vaseux, mais encore lucide. Le protocole de sauvetage était de me faire dire précisément ce que j'avais ingurgité. Ce que, dans un ultime sursaut de bravade, je refusais d'avouer. En geignant sur la fuite de la chanteuse qui m'avait abandonné.

Et le pompier faussement solidaire était entré dans mon jeu dans le seul but d'obtenir la liste des produits avalés :

— D'accord, d'accord ! Tu as raison, toutes des salopes ! D'ailleurs la mienne m'a fait le même coup. Ces chiennes ne méritent vraiment pas qu'on fasse ça pour elles. Allez, dis-moi ce que tu as pris…

Une scène de théâtre de boulevard ou de sitcom. Avec, à l'arrivée à l'hôpital, l'entrée en scène de la guest-star. Et le toubib rigolard :

— Décidément c'est la journée des vedettes !

Sur le brancard juste à côté de moi, le père de Johnny Hallyday gisait, en pleine crise de delirium tremens !

Alors arrêt sur image.

Un artiste au cœur déchiré par une chanteuse en plein succès. Une entrée à l'hôpital par une porte dérobée pour échapper aux paparazzis. À ses côtés, le père clochard et poivrot du rocker number one. *Extravagance, larmes, faux-semblants. La vie, la mort, le ridicule et le clinquant.*

Bienvenue dans le monde merveilleux du show-biz !

J'en souris aujourd'hui, mais qu'est-ce que j'en ai pleuré. Et surtout qu'est-ce que je regrette cette connerie XXL. Mais c'était l'aboutissement d'un tourbillon où se mêlaient l'alcool, les somnifères, la célébrité, le rythme infernal du show-biz. La presse people chapeautait l'histoire d'amour tumultueuse de l'imitateur qui perçait et de Marie Myriam, la dernière Française à avoir gagné l'Eurovision. Photos de fiançailles, promesse de mariage. Et puis clash, éloignement provisoire et finalement rupture consommée. Et tout ça en première page, bien entendu, notoriété oblige.

Pendant l'été 1979, malgré la séparation, on avait quand même fait une tournée programmée ensemble. Pistés par les snipers d'*Ici Paris* et autres *France Dimanche.* La résilience de façade à la une. Détachés d'un commun accord et bons amis. En réalité, moi puni à juste titre de mon infidélité. Amoureux encore et profondément blessé. Et elle, indifférente, déjà embarquée dans une autre histoire. Mais *the show must go on* ! Alors, tous les soirs, de chapiteaux en plages remplies de vacanciers enthousiastes, c'était la fête obligatoire.

C'était ma première tournée en « *vedette* ». Le haut de l'affiche enfin, après avoir assuré la première partie des autres. Sardou, Lama, Lenorman m'avaient embarqué les années précédentes dans leur *road trip* d'été. Et là, c'était enfin mon tour. La promesse d'un bonheur absolu, et la programmation prévue en décembre de mon nom en gros au fronton de l'Olympia. Et voilà que pour une histoire d'amour, le rêve se transformait en cauchemar.

Marie chantait son oiseau et son enfant en « *américaine* ». Pour les profanes, ça veut dire qu'elle terminait la première partie de mes spectacles. Chaque soir, en quittant la scène, elle descendait l'escalier qui menait aux coulisses. Elle me croisait sans un regard au moment où je montais à mon tour jouer le pantin. À coups d'imitations de Bourvil, de Funès, Dassin, Coluche, il fallait les faire rire quand je pleurais dedans. Quand on jouait en plein air, du haut de mon estrade, au travers des mains levées qui m'applaudissaient, je voyais au loin s'éloigner sa voiture vers un autre. Après deux ans de vie commune, ça piquait fort.

Et pour bien enfoncer la lame du poignard, juste avant le passage de Marie, un Francis Cabrel débutant, en ouverture de spectacle, balançait, des frissons dans la voix :

« Petite Marie, je parle de toi... »

Avant d'enchaîner sur ce qui était en train de devenir le tube du moment :

« Je l'aime à mourir... Je l'aime à mourir... »

Quel salaud ! Mais non, bien sûr. Quel talent surtout ! Celui que m'avait expliqué Aznavour comme règle absolue d'un succès populaire :

— Il ne faut pas raconter sa propre histoire, mais la leur.

En l'occurrence, là, c'était la mienne. Et en temps réel. Raccord et extrêmement douloureux. Je te passe les cuites pour oublier, les tentatives vaines de réconciliations. Et même la bagarre d'hommes sur le quai de la gare de Vierzon avec celui qui me l'avait prise. Un vrai western. Tout ça sur fond sonore de chansons à la mode, d'éclats de rire et d'applaudissements.

Un calvaire !

Aujourd'hui, plus de quarante ans plus tard, phénix amnésique sélectif, ne subsiste sur l'écran de ma mémoire qu'une tragi-comédie que je me projette avec tendresse. Le temps a fait son œuvre. La blessure est refermée depuis longtemps. Même pas une cicatrice. Marie est mon amie. Une vraie. L'eau a coulé sous les peaux. Je veux dire que mes larmes ont coulé sur bien d'autres ponts. Et mes rires encore plus. Je dirais même que je l'ai échappé belle. Par bonheur, la fin de cette histoire-là a été la chance merveilleuse de pouvoir vivre avec encore plus de passion celles qui ont suivi.

Penses-y, au cas où !

Un soir, autour d'un repas de vrais amis en tête à tête, j'ai passé de longues heures à évoquer ce chagrin d'amour avec Frédéric Dard. Au-delà d'être mon père de substitution et mon idole absolue, il était bien placé pour pouvoir en décortiquer la teneur. Lui aussi avait fait une tentative de suicide. Au passage, une synchronicité de plus. Il avait essayé de mettre fin à ses jours le 19 octobre 1965. C'est la date de naissance de Nana. Celle qui, malgré la séparation intelligente, reste à ce jour mon épouse actuelle. Celle à qui, il y a plus de vingt ans, j'ai passé la corde au cou, comme dit l'expression populaire.

Frédéric l'avait passée vraiment, cette corde autour de son cou. Une pendaison pour une culpabilité. Celle d'avoir pris la femme de son meilleur ami. Quand l'amour irrépressible se fracasse contre une amitié réelle. Lui n'avait prévenu personne, et avait été sauvé par miracle. Il n'avait repris conscience qu'au bout de plusieurs heures de coma.

— Sur l'échelle du désespoir, j'étais en avance sur toi, m'a-t-il dit en souriant.

Largement. Mon suicide était une ébauche, le sien une vraie finalité. Là où j'avais tenté un lamentable appel au secours, il avait souhaité réellement mettre fin à ses souffrances internes. Quoi qu'il en soit, on regrettait ce geste autant l'un que l'autre. On avait passé la soirée à disserter sur les motivations, les causes, les conséquences. On avait poussé très loin nos analyses sur le bien-fondé, la signification psychanalytique, la dédiabolisation de ce geste. Ça s'était fini par du Dard de haute volée. Un aphorisme à sa façon. Mais ne cherche pas cette phrase dans un recueil de ses citations. Il ne l'a dite qu'à moi. Sèche, paillarde et tellement vraie.

Sûr que si tu es en plein désespoir amoureux, elle pourra te sembler simplement grossière. Mais si tu prends le temps de bien l'analyser, tu t'apercevras qu'elle n'est pas aussi inconsistante qu'elle en a l'air. Et si, après réflexion, elle te faisait renoncer à un acte aussi imbécile que le suicide par amour, Frédéric d'outre-tombe et moi d'ici-bas en serions comblés.

Parce que ce soir-là, après avoir fait la synthèse de nos raisonnements, nous sommes tombés d'accord pour exclure totalement la solution finale d'une peine amoureuse. Quelles qu'en soient les souffrances. Parce qu'il faut toujours laisser une chance à l'avenir. Parce qu'à une passion forte peut toujours succéder une passion encore plus forte. Parce qu'il faut croire à la bienveillance du destin qui impose que, quand un amour te quitte, c'est qu'un autre t'attend.

Conclusion du grand Frédéric en termes choisis que j'approuve totalement :

« Si on parle de pénétration incongrue, l'amour peut à la rigueur justifier un doigt dans le cul, mais certainement pas une balle dans la tête ! »

Et voilà une fois de plus de quoi alimenter mon image de marque hasardeuse. Ce *« doigt dans le cul »* dont mon ami Laurent Gerra a fait un cheval de bataille dans son imitation de moi. La caricature réductrice. Mais je ne lui en veux pas une seule seconde. Il grossit le trait à outrance, mais le trait existe. Toute ma vie, j'ai usé et abusé de la gauloiserie. Mon personnage public et privé n'en a jamais été avare.

Je l'assume entièrement.

À l'envers d'une société actuelle tellement hypocrite sur le sujet. Le regretté philosophe Michel Serres en avait fait une chronique délicieuse. Il avait mis en balance l'excès de pudeur sur les choses du sexe, et le déferlement de publicité subliminale pour la violence ordinaire. Une démonstration d'une justesse étonnante qui m'avait ravi. Un constat tellement lucide que je partage à 100 % :

« Par médias interposés, un enfant de 12 ans a déjà vu des milliers de scènes de crime. Alors que la moindre scène de copulation subit, si ce n'est une censure réelle, du moins celle de l'ordre moral. On veut bien apprendre à nos enfants à se tuer mais on rechigne à leur donner le goût de s'aimer. Avec en archétype la civilisation américaine. Elle tatoue l'ultraviolence dans ses blockbusters. Et en même temps, elle est frileuse pour les seins nus sur les plages. »

La belle imposture de façade !

J'adhère totalement à l'analyse de Michel. Et je la prolonge même.

Parce que l'hypocrisie est le sceau du sexe en place publique.

Parce que *« sexe »* est justement le mot le plus tapé sur Internet.

Parce que les sites de rencontres sont la plupart du temps des baisodromes masqués.

Parce que la bonne société fait un triomphe à *Cinquante nuances de Grey*.

Parce que le scooter de Hollande restera plus dans les mémoires que son discours du Bourget. Comme le Monica gate pour Clinton.

Parce qu'on s'accouple tous azimuts. Pour se reproduire bien moins qu'en exutoire charnel d'une vie anxiogène. Tu parles ! Dans ce monde où tout est monnayable, enfin un plaisir gratuit ! Et quand il est payant, il ne se limite pas à des rapports tarifés avec des prostituées. Ça va de la promotion canapé à la fornication avec des privilégiés fortunés pour un retour sur investissement.

Et puis, pour donner de la hauteur au propos, à part quelques fécondations artificielles, nous sommes tous le résultat d'un acte sexuel. Voulue, forcée, éphémère, romantique ou programmée, chaque être humain est le résultat d'une éjaculation. (Pour la note grivoise, des *« rescapés du Sopalin »* pour ceux qui ont échappé à la masturbation.) Donc, effectivement, le sexe est partout. Mais les ligues de vertu continuent à en faire un sujet tabou.

Ah, les indignations sélectives !

« Une p'tite pipe avant d'aller dormir. Une p'tite pipe avant d'aller se coucher ! »

Une chanson grivoise bon enfant à double sens dans la tradition des paillardises de carabins. Les juges de la bonne morale me sont tombés dessus. Ça a fait un scandale qui est remonté jusqu'aux ministères. Là où se multiplient les affaires de mœurs étouffées comme il se doit. Bienséance à l'étage et turpitudes en sous-sol. Mais c'est ainsi, on absout les pervers et on condamne les égrillards.

Et pendant ce temps, progrès numérique oblige encore une fois, l'époque moderne a multiplié la prééminence du sexe dans nos vies quotidiennes. Sans qu'aucun officiel s'en offusque vraiment, bien entendu. Ni légifère pour stopper la dérive. De Tinder aux blogs spécialisés. Des ventes de sex toys en ligne à l'accès international aux images pédophiles. Je te rassure, ça ne me heurte que lorsque ça touche à l'illégalité et à l'incitation au crime sexuel.

Mais où cette époque moderne me dérange surtout, c'est quand elle vole une grande part de l'innocence de nos enfants. Est-ce un bien, est-ce un mal ? Leur équilibre sentimental d'adultes nous le dira. Mais la réalité est là. Aujourd'hui, les sites pornographiques sans aucune précaution d'accessibilité sont le pain quotidien d'une multitude de gosses à peine sortis des poupées et des jeux de construction.

Ce qui pourrait donner un dialogue surréaliste.

Le père demande à son enfant :

— Si on parlait de sexe ?

Et l'enfant répond :

— D'accord. Qu'est-ce que tu veux savoir ?

L'occasion de placer une blagounette pour se détendre un peu.

Le môme ouvre la porte de la chambre de ses parents. Il les surprend en pleins ébats et s'écrie :

— J'veux pas de petit frère !

Le lendemain, même scène. Le môme s'indigne de nouveau :

— J'veux pas de petite sœur !

Le troisième jour, son irruption interrompt une figure de sodomie. Le môme hurle :

— Et j'veux pas de chien non plus !

Et évidemment, la clique hypocrite des prudes officiels monte au créneau :

— Comment peut-on raconter des saletés pareilles ? Il n'est pas exclu que des associations de protection de l'enfance et de celle des animaux vous poursuivent en justice !

Je caricature, bien sûr. Mais dans la réalité, mes potes Bigard et Tex se sont fait exploser en vol pour des blagues tout aussi graveleuses. Et chaque bien-pensant y est allé de son indignation publique. Je reviendrai dans le chapitre suivant sur la liberté d'expression des humoristes et à ses censeurs. Mais pour l'instant, je vais en rester au seul cas du sexe, puisque c'est un des objets essentiels de ce chapitre-ci.

Je vais poser tout de suite le cadre de ma propre sexualité en toute transparence. Avec les détails que cela impose, même les plus crus. Toutefois, même si je ne voile rien de ma réalité, j'édulcorerai le vocabulaire. Les situations sont suffisamment âpres pour ne pas y rajouter l'acidité de la vulgarité des mots. Il est évident que, pour les populaires de base, la pipe prendra vite le pas sur la fellation. Et que l'invitation à la sodomie impliquera l'éventualité d'aller se faire enculer. Je laisse à ceux-là le choix de la transposition, mais ne comptez pas sur moi pour écrire noir sur blanc ces mots-là.

Ce que je peux être faux-cul par moments, moi !

Allez, on y va !

Les plaisirs de la chair plus que ceux de la chaire
Je laisse les sermons aux marchands de prières
Je baise la morale par-devant, par-derrière
Mes plus beaux paradis ont des chaleurs d'enfer.

J'ai toujours fait ce que j'ai voulu de mon sexe et de mes solitudes.

J'aime autant les énamourées romantiques que les travestis du bois de Boulogne.

Je suis un infidèle chronique et un libertin assumé.

Je n'ai aucune barrière, si ce n'est celle du consentement.

Mon critère de sélection n'est étalonné qu'à l'envie mutuelle.

Je m'interdis tout comportement qui pourrait dévaluer mes partenaires multiples.

Mais j'ai toujours été un collectionneur invétéré.

Si j'en ai la possibilité je ne laisserai passer aucune occasion, si furtive soit-elle. Sans aucun a priori d'âge ou de beauté.

Mais attends un peu quand même avant de balancer ton porc ! Je suis loin d'en être un. Je ne suis pas prêt à tout pour satisfaire mes envies. La partenaire idéale est d'abord pour moi celle qui veut. La femme ou la compagne d'un ami est un interdit irrévocable. Je ne halète pas comme un cerf en rut devant le moindre déshabillage. D'ailleurs, le strip-tease professionnel me laisse totalement froid. Donc, pour résumer ma dépendance aux choses du sexe : même si j'y pense souvent, je ne pense pas qu'à ça.

Je ne collectionne pas les photos érotiques. Je ne regarde pas de films X. Je n'ai jamais mis les pieds sur le moindre site de rencontres de hasard. Je ne suis ni fétichiste, ni sadomasochiste, ni exhibitionniste. Je n'ai jamais proposé à une ambitieuse un coup de pouce professionnel en échange d'une faveur de canapé. C'est même le contraire. J'ai toujours refroidi les ardeurs de certaines prêtes à tout avec cette phrase standard :

— Si tu veux coucher pour réussir, tu ne réussiras qu'à coucher !

J'ajoute, pour finir, que je n'ai jamais forcé ni engagé qui que ce soit à autre chose qu'un partage consenti. Et surtout, si furtifs que soient mes accouplements, j'ai toujours tenu à une attitude essentielle : que mon regard d'après soit le même que celui d'avant.

Voilà !

Je souhaitais vraiment faire cette mise au point avant de m'étendre, pour commencer mon tour d'horizon du sujet, sur les façades et les sous-couches du libertinage dont je suis un adepte sans aucun état d'âme de moralité. Cette mise au point atténuera certainement une indignation occasionnelle chez les plus distants de la chose du sexe qui me lisent. Au pire, si tu es trop prude, tu peux passer directement au chapitre suivant. Il concernera, entre autres, les médias. Il sera forcément plus soft en matière de pornographie. Même si certains s'y sont fait copieusement baiser. Au propre comme au figuré.

Maman essaie de retenir mes doigts sur le clavier de l'ordinateur.

— Tu es bien sûr que tu veux parler de l'échangisme ?

— C'est pas de l'échangisme, c'est du libertinage.

— C'est pareil.

— Pas vraiment. L'échangisme, c'est du troc. Des couples qui se contentent d'échanger les partenaires. Le libertinage est bien plus vaste. Plus joyeux aussi. Il y a des couples, mais aussi des célibataires, des groupes. Et toutes les orientations sont permises. Chacun, hétérosexuel, homosexuel, bisexuel et même simple spectateur, est le bienvenu.

— Quoi qu'il en soit, tu sais que j'ai toujours détesté ce genre de mélange. L'amour, ça se fait à deux. On n'est pas des animaux de porcherie.

— C'est pas du tout ça.

— Pour moi, si. Je trouve ça dégradant.

— Laisse-moi expliquer au moins. Ce n'est pas qu'une question de sexe. Ça va bien au-delà. C'est une façon d'être en général. Sans jeu de mots équivoque, c'est bien plus profond que ce qu'on imagine.

— Explique ce que tu veux, moi je n'écoute pas.

— Donc tu juges sans savoir, comme la plupart des gens.

— Et alors ? Je suis d'une autre époque. C'est la mode aujourd'hui de vouloir tout justifier, même le pire. Je m'en tiens à ce que j'en pense, un point c'est tout.

— D'abord ce n'est pas le pire, et puis c'est juste une question de tolérance.

— Comme disait je ne sais plus qui, la tolérance, il y avait des maisons pour ça. À force de trouver des excuses à toutes les déviances, on est en train de fabriquer un monde complètement tordu. J'ai toujours respecté ta liberté d'être ce que tu veux. C'est ton choix. Mais tu ne me feras pas changer d'avis. Ce genre d'orgie, pour moi, c'est contre nature. Alors je m'éclipse. Je reviendrai quand tu parleras de l'amour, du vrai.

— D'accord. Je te fais signe quand j'ai fini.

Eh oui ! Elle est comme ça, Maman. Entêtée. Fermée parfois à toute contradiction. Comme beaucoup d'entre vous. Ce que je peux très bien comprendre. Et ce qui justifie qu'il y aura toujours une donnée essentielle dans ma façon de penser : *« le doute »*. Alors, je vais défendre mes convictions avec force ; mais dans un coin de ma tête, je n'élimine pas la possibilité d'avoir tort.

À force de vouloir tout justifier en affaire de mœurs, de suivre aveuglément la marche du progrès, ne s'éloigne-t-on pas de l'essentiel ? Pansexualité, libertinage, mariage gay, sex toys, unions sur Tinder sont presque devenus des choix incontournables. Et surtout sujets à toutes les accusations de ségrégation si on ose mettre en doute leur bien-fondé. Et s'il suffisait tout simplement qu'un homme et une femme s'aiment en parfaite fidélité et qu'ensemble ils procréent ? C'est à l'opposé de mes idées libertaires, mais finalement, pourquoi pas ? On y reviendra.

En attendant, je me lance.

Je n'ai pas toujours été libertin. Avant, j'étais *« normal »*, comme disent les corrects. Je le suis devenu après une énième crise de jalousie. Ce mal sournois qui détruit autant celui ou celle qui le nourrit que celui ou celle qui le subit. D'un coup, j'ai pris conscience que la liberté d'être ce que l'on veut est essentielle à tout équilibre. Sans comptes à rendre ni à recevoir. Plus d'appartenance mutuelle ni d'exclusivité. Un vrai souffle d'air frais.

Un des grands avantages du libertinage, c'est qu'il peut être pratiqué partout, n'importe quand et par n'importe qui. C'est un club public qui, sans jeu de mots équivoque non plus, n'exige aucune carte de membre. Une religion du plaisir sans Dieu. Et comme toute religion, elle a ses lieux de rassemblement. Une des *« églises »* que j'affectionne particulièrement et qui résume bien les tenants et aboutissants de ma démonstration, c'est le Cap d'Agde.

Une précision importante, toutefois : quelque lieu de libertinage que ce soit, je m'y suis toujours rendu en célibataire. Je ne précise pas ça pour dédouaner mes compagnes officielles. Si cela avait été le cas, je te le dirais. Non, c'est bien plus égoïste que ça. Le sexe en liberté est la plus douce des friandises. Je ne vais quand même pas apporter mon nougat à Montélimar !

Le Cap d'Agde, donc.

Camp naturiste officiel de jour, mais havre libertin officieux surtout la nuit. Pour certains, *« La Mecque »* du libertinage ! Je pourrais même écrire *« La Mec »*, tant, en plus des hétéros traditionnels, la communauté LGBT y est présente sans ségrégation. Un tarmac idéal pour les chevaliers du « *iel* ».

C'est surtout pour ça, au-delà du sexe pur, que je prise cet endroit. Parce qu'on peut y trouver la liberté d'être ce qu'on veut sans aucun jugement préconçu. Et poser enfin ce fameux masque d'apparence que nous trimballons dans la société officielle. Pour enfin nous montrer nus. Et ceci, bien plus que dans le cadre d'une orientation sexuelle. Nus aussi dans nos discours et nos approches conviviales des autres.

Parce que, dans une communauté libertine, il n'y a ni riches, ni pauvres, ni puissants, ni précaires. Les pulsions communes égalisent aussi les différences physiques. La beauté n'est pas prioritaire. Cette mixité réunit également des diplômés et des incultes. Mais encore des gens de toute origine. La couleur de peau, la provenance ethnique ne sont en aucun cas un indice de supériorité ou d'infériorité. Ajoute à ça que le harcèlement n'existe pas. La femme est maîtresse d'elle-même. Et le moindre manque de respect est immédiatement sanctionné par une mise au ban.

Un modèle de société tolérante, en somme. Presque idéale. Où le respect est la condition sine qua non à l'épanouissement de chacun. Pourtant, paradoxalement, aujourd'hui, le jugement commun colle à cette société discrète une image avilissante de perversion, de bestialité primaire. Comme si elle était le creuset d'une peste rose. Une maladie des temps modernes défendue par des gourous sans cervelle uniquement obsédés par le plaisir animal.

C'est juste oublier que le libertinage existe depuis des lustres, et que des grands esprits en ont été des piliers assumés. Le XVIIe siècle, entre autres, en regorge, de Molière à La Fontaine. Les belles du temps jadis et les plus éminents personnages de notre patrimoine littéraire et artistique s'y adonnaient sans retenue. Une soif de vivre dans un monde où le vrai tactile ne s'était pas encore fait voler l'affaire par l'écran du même nom. Pas d'abonnement à Netflix. Ils avaient donc tout le temps et tout le loisir d'enchaîner les saisons du plaisir. *Le Jeu de la dame*, c'était la série à succès du moment. Pour les plus égrillards, *La Casa de Popaul* !

Alors bien sûr, au prisme de *Secrets d'histoire*, ce libertinage en habit d'époque est vendu comme une distraction de cour aimable par Stéphane Bern. Autant qu'il est montré comme bassement graveleux, en tee-shirts et en tongs, par les reportages de nuit des chaînes du câble :

— Ce soir, ne ratez pas sur W9 *Orgies et décadence sur les plages du Languedoc.*

L'invitation est clairement racoleuse, mais le fondement réel est le même : au-delà de la licence des mœurs, cela reste la recherche éperdue d'une vraie liberté d'être et de penser. C'est pour cela que je suis un libertin assumé. En quête perpétuelle d'une indépendance de corps et d'esprit. Je le revendique haut et fort. En dépit de la caricature condescendante qu'on peut en faire :

— Ces gens-là sont des malades ! Un point c'est tout.

À ces jugements sans nuances, je n'accorde aucune importance. De toute façon, ma curiosité humaniste m'a enseigné une évidence indiscutable : ceux qui, au lieu de les extérioriser sans tabou, refoulent leurs pulsions sexuelles sont les adversaires les plus dangereux du bien-vivre ensemble. C'est souvent cette frustration qui fabrique les pires des aigris vengeurs, des fourbes impitoyables. Et ça, à tous les étages de la société. Aussi bien à l'échelle d'un sous-chef tyrannique de bureau qu'à celle d'un maître de la planète. En élargissant de ce particulier au général, nos renaissances passent aussi par ça. Ne pas aller contre ses instincts les plus profonds. Au risque de ne sortir la tête de l'eau que pour y replonger à court terme.

Grammaticalement, un féminin antinomique d'un masculin :

« La morale est souvent le pire adversaire du moral. »

Mon vieux Dard avait raison quand il écrivait :

« Il ne faut pas se méfier de ceux qui baisent trop, il faut se méfier de ceux qui baisent pas ! »

Allez ! Une anecdote crue. Certifiée authentique. J'ai des témoins. Elle illustre à la perfection l'intitulé du chapitre : « *Sexe, amour et fantaisie* ». Tout y est.

2 h 30. En plein été torride au Cap d'Agde.

Le Joker. Un bar à musique libertin. Une sorte de mini-discothèque à laquelle est adjoint ce qu'on appelle un « coin câlins ». Un renfoncement discret, meublé de canapés spacieux où on peut se livrer à des débats intimes à l'abri des regards de ceux qui s'agitent sur la piste de danse.

Musique à fond. L'ambiance est festive, chaleureuse. Les clients sont en tenue de soirée. C'est-à-dire à peine vêtus de parures érotiques plus inventives les unes que les autres. À l'envers des recherches vestimentaires du commun des mortels qui se mettent sur leur trente et un pour un cocktail mondain, ici, on se déshabille pour sortir.

Comme en rigolait un pote :

— Ils se sont mis sur leur 69 !

Derrière le bar, Johanna, ma petite sœur de cœur et de peau, cachetonne en barmaid d'un soir. Érotique en diable, des pieds à la poitrine provocante, elle virevolte de verre en verre. Gaie, aguichante, terriblement sensuelle. Vivante quoi ! J'adore cette môme. Et c'est réciproque.

Quant à moi, au coin du comptoir, accompagné d'Hervé, un pote musicien, j'ai engagé la conversation avec un couple adorable. Au moment où j'écris, je ne me souviens plus de leurs prénoms. Pour la commodité du récit, je vais leur en inventer deux. Tiens, Paul et Virginie ! Ce sera parfaitement raccord avec la pureté de leur amour.

— Pureté ? s'insurge le prude. Que peut-il y avoir de pur dans le fait de s'offrir au premier ou à la première qui passe ?

— Patiente un peu, tu vas voir.

Après avoir fait les présentations autour du verre qu'ils m'ont offert, notoriété oblige, on partage des souvenirs. Mais aussi des histoires de famille, notre avis sur l'actualité, l'intimité de leur couple en concubinage depuis une décennie. Comme à la terrasse d'un café normal. C'est cela aussi, le vrai libertinage. Loin de l'imagerie animale que l'on peut imaginer. On ne se précipite pas les uns sur les autres comme des bêtes en rut à la première approche. On s'évalue, on se renifle. Il arrive d'ailleurs souvent que l'insipide de la conversation éteigne toute velléité d'aller plus loin.

Là, l'harmonie est parfaite. Aucune fausse note. Mon pote musicien en profite pour féliciter Virginie pour sa beauté et sa sensualité torride. Une façon sournoise de l'engager à lui en donner la preuve. Une approche coutumière. Le non-dit bien plus parlant qu'une demande frontale. Tout aussi efficace, mais bien plus élégante.

D'ailleurs, la preuve espérée ne se fait pas attendre. Virginie s'accroupit pour entamer sur Hervé ce que bien entendu je vais me contenter de nommer une douce caresse buccale. Sous le regard complice de Paul. Jusque-là, rien d'extraordinaire. Du classique dans ce genre d'endroit. Presque une tradition. Sans, cela va de soi, que personne dans l'assistance en soit choqué outre mesure. La routine, quoi !

Mais cette fois, la routine s'effrite. La tradition vole en éclats avec le départ soudain de Paul en direction de la cabine du disc-jockey. À la surprise de tous, il demande que l'on coupe la musique et qu'on lui donne un micro. Là, je sens venir le revers de la médaille. La rançon de la gloire. La sollicitation artistique. Ça sent « Les Sardines » *! D'ailleurs, cela n'échappe pas à Johanna.*

— Oh putain ! Pourvu qu'il te demande pas d'en chanter une !

Ce ne sera pas le cas. Paul se dirige vers nous tout sourire. Et il coupe d'une voix assurée les plaintes de ceux qui protestent parce qu'on a arrêté arbitrairement la musique. Il interpelle tendrement sa compagne :

— Virginie !

— Oui chéri, dit-elle en relevant la tête, abandonnant ainsi aux dépens d'Hervé son ouvrage de bienfaisance.

— Voilà. Ça fait dix ans que nous sommes ensemble et qu'on s'aime plus que tout.

Là, je me dis qu'il va y avoir esclandre. Peut-être a-t-il été pris d'un élan de jalousie. Dans ces situations, ce sont des choses qui arrivent parfois. Un revirement soudain. Ce n'est pas le cas. Bien au contraire. Parce qu'il balance une phrase qui scotche toute la clientèle.

Et Virginie encore plus.

— Voilà ! Je me suis toujours dit que je demanderais ta main un jour où tu aurais un sexe dans la bouche !

En fait, il a dit « une bite », mais fidèle à ma promesse littéraire de précaution, je ne pouvais pas reproduire le texte in extenso. Toujours est-il, que, laissant à peine le temps à Virginie de revenir de sa surprise, il pose un genou à terre et sort de sa veste un écrin. Il en extrait une bague splendide et déclare, solennel :

— Est-ce que tu veux m'épouser ?

Je te jure que la scène est authentique. Si on la prend ex abrupto, *elle aurait eu parfaitement sa place dans un film X de Marc Dorcel des années 1970. Et les spectateurs en auraient sûrement éclaté de rire. Parfaitement raccord avec le grotesque des scénarios à deux balles de ces films-là. Seulement voilà, en l'occurrence, personne n'a éclaté de rire. L'audace de cette déclaration a déclenché des bravos nourris et admiratifs. J'en ai même vu sincèrement émus au moment où Virginie a étreint son Paul les yeux tout humides de bonheur. Même Johanna a eu sa petite larme.*

Bon, il est probable que ma présence a précipité la demande. Une sorte de parrainage involontaire. Je t'avoue que j'en ai été flatté. J'ai félicité les tourtereaux qui m'ont remercié d'avoir été le témoin privilégié occasionnel de cette scène plus qu'inattendue. Pour eux, l'adoube-

ment d'une célébrité a ajouté un plus à la solennité de l'événement.

Et le disc-jockey a envoyé la marche nuptiale !

Surréaliste !

Je ne t'ai pas raconté cette anecdote pour la trivialité, mais pour amorcer une vraie réflexion sur l'amour. Montrer à quel point il peut mélanger à tout moment le firmament étoilé et les abysses de l'âme humaine. Alors, je sais bien combien cette séquence peut choquer certains. Leur inspirer une moue dubitative, voire un rictus de dégoût. Mais au final, si on veut bien occulter le décorum, il s'agit ni plus ni moins d'une merveilleuse déclaration d'amour.

Chacun son cadre. Mais, pour moi, sur l'échelle de l'intensité, elle vaut la demande en mariage surprise de Raymond Domenech à Estelle Denis en direct à la télé après un match de l'équipe de France. Je vais même aller plus loin, je crois plus à une garantie de pérennité pour Paul et Virginie. Attention ! Je ne dis pas que la partouze est un ciment amoureux incassable. Loin de là. Mais j'accorde un pronostic favorable à ces deux-là. Parce que leur qualité de libertins éloigne de l'amour absolu ce qui pour moi en est le pire des dangers : *« la possessivité »*.

C'était d'ailleurs pour en arriver à ce trait d'union que je t'ai infligé cette anecdote plus qu'osée. Parce que c'est trop souvent au nom de cette possessivité bafouée que les renaissances d'après sont les plus ardues à installer. Je vais maintenant pouvoir développer mon ressenti profond sur ce que je pense de l'amour en général et de l'Amour avec un grand « *A* » en particulier. En m'excusant encore, pour en arriver à ça, d'être passé par l'amour avec un grand tas.

Maman revient.

— Là, je suis d'accord avec toi

— À quel sujet ?

— La possessivité. Personne n'appartient à personne. Pour moi, l'amour est un partage et certainement pas l'acquisition de l'un par l'autre. Et même une aventure sans lendemain est tout sauf un bail de location.

— Et tu es bien placée pour en parler. Parce que tu les as collectionnées, ces aventures !

— C'est vrai. J'ai beaucoup papillonné, mais personne n'a eu l'occasion de m'épingler sur une planche de lépidoptères.

— Waouh ! La métaphore savante !

— Je te la refais primaire si tu préfères. J'ai eu beaucoup d'amants. Mais si un seul m'avait harcelée pour que je ne sois qu'à lui, les jambes que j'écartais pour lui, je les aurais prises à mon cou. Et au cas où il m'aurait malmenée pour arriver à ses fins, il aurait pris en prime ma main sur la figure !

Voilà qui est clairement dit ! Et qui rejoint à peu de chose près les mots de la chanson de Brassens, « Sauf le respect que je vous dois » :

« Parlez-moi d'amour et je vous fous mon poing sur la gueule ! »

Et comme je le comprends. Étonnant, je sais, de ma part. De quelqu'un dont l'imagerie indissociable de la caricature pour les chansonniers est le cri de guerre :

« C'est que d'l'amour ! »

Je maintiens. Mais on ne parle pas du même. Quand je pousse ce cri de guerre, c'est pour glorifier l'Amour universel. Avec un grand *« A »*. Une bienveillance pour la race humaine en général. La bonne entente, le respect de chacun, le partage. Cette empathie que je peux accorder à un frère, un étranger, une princesse ou un vagabond. La fusion désintéressée sans appartenance.

Et pas seulement sur un plan général. Cela même au niveau le plus intime de mes conquêtes de peau et d'esprit. Mes passantes disséminées un peu partout. Qu'on se parle de loin ou qu'on se touche de près, on n'a rien à se voler. On offre et on ne prend que le meilleur. En toute bienveillance. Sans comptes à rendre. Finalement, au bout de mon chemin de collectionneur, c'est sûrement pour celles-là que j'aurai eu le plus d'estime et de reconnaissance.

Alors oui, dans ce cadre-là, je persiste et je signe :

« C'est que d'l'Amour ! »

Cet Amour-là, oui ! Mais certainement pas cet amour avec un petit *« a »* entre deux tourtereaux qu'on nous vend comme le nec plus ultra des sentiments. C'est cet amour de romance béate que je remets en question. Celui qui s'abreuve chaque jour, entre deux êtres, de promesses, de serments, de bisous et de plus en plus d'émoticônes en forme de cœur rouge. Comme si son siège ne se limitait qu'à des ventricules et des oreillettes. Cet amour imbécile dont je me méfie comme de la peste touche bien d'autres parties du corps.

Le cerveau d'abord, qui se liquéfie. Ce qu'on peut être con quand on s'amourache ! Même un ingénieur bac + 10 a des comportements de benêt.

Les yeux qui brillent autant qu'ils pleurent. Pour quelques rayons de soleil qui nous illuminent, qu'est-ce qu'on prend en retour d'orages et de tempêtes !

Les mains qui tremblent. Tétanisés à l'idée de perdre son confort affectif douillet.

La bouche qui nous fait expectorer des métaphores de parcs d'enfants. Des mots aussi crétins que *« mon doudou »*, *« mon trésor »*, *« mon bébé »*. Et je te passe le catalogue animalier : « *mon lapin* », « *ma caille* », « *ma puce* », « *ma petite chatte* ».

Et, bien entendu, le sexe, baromètre officiel. Quand la libido est obligée de s'aligner sur l'intensité des sentiments. Une panne, une migraine, une fréquence ralentie de l'accouplement et la sentence est immédiate : « *Tu ne m'aimes plus !* » L'étalonnage à l'orgasme. Pour faire référence à la pandémie actuelle, le virus du sommier qui grince avec obligation de présenter un pass vaginal.

D'accord, je sais, il n'y a pas que ça. Il y a aussi la tendresse, le soutien, la main dans la main, le regard vissé sur un futur flamboyant. Pour Saint-Exupéry :

« L'amour, ce n'est pas se regarder l'un l'autre mais regarder ensemble dans la même direction. »

Rectifié par mon pote Bigard :

« Regarder dans la même direction, c'est pas l'amour, c'est la levrette ! »

J'ai caricaturé pour le plaisir des mots, mais puisque je suis là pour mettre les pendules à l'heure, je veux juste te dire que les miennes ne se satisfont pas d'un tic-tac lancinant. D'un partage quotidien du temps rythmé par l'asservissement de l'un à l'autre. Et surtout, comme je te le disais plus haut, du grain de sable qui à tout moment peut enrayer le beau mécanisme : « *la possessivité* ».

Preuve à l'appui de mon affirmation, quand un des deux décide de quitter l'autre, dans 90 % des cas, la première question de l'abandonné est :

— Pour qui ?

Alors qu'elle devrait être :

— Pourquoi ?

Dès la première fusion, c'est *« mon »* fiancé, *« ma »* compagne et, une fois officialisée, *« mon »* mari, *« ma »* femme. Et surtout que personne ne vienne me voler *« mon »* bien. Une propriété qui engendre les scènes de jalousie, les divorces houleux, les recompositions aux dépens des enfants otages. Et, bien évidemment – ta page *« faits divers »* en est remplie –, les crimes passionnels.

Je me souviens d'un infirmier qui était venu me faire une prise de sang de routine à Martel. Jovial, il m'avait félicité de faire des contrôles de précaution.

— Tu as raison d'anticiper. Malgré les contrariétés, la vie, c'est quand même beau. Autant la vivre le plus longtemps possible.

Deux heures plus tard, il abattait sa femme, l'amant de sa femme avant de suicider.

Putain d'orgueil sentimental mal placé !

Dans mon refus de cautionner ce concept d'amour traditionnel avec un petit *« a »*, je suis obligé d'ajouter le sésame obligatoire. Le préambule oral de toute histoire débutante. La question inévitable. Le contrôle de départ pour se persuader qu'on ne s'est pas trompé d'histoire.

L'interrogation majeure :

— Tu m'aimes ?

Déjà, rien que l'expression me crispe. L'usage fourre-tout du verbe *« aimer »*. Le mot de vocabulaire couteau suisse. Aimer une personne comme on aime un coucher de soleil, un film à la mode, les voyages, le footing ou la blanquette de veau.

Alors, faute de mieux linguistique, à cette question clé, on répond que oui, et c'est parti pour un tour de manège. Comme ceux de mon enfance où on choisissait son moyen de transport à chevaucher sur un coup de cœur. Avec, comme queue du Mickey, la bague au doigt, une belle-mère, des mômes à torcher, la télé le soir et un crédit sur vingt ans. Tu parles d'un idéal d'absolu !

Et s'il y en a un qui est bien placé pour en parler, c'est moi.

Quatre mariages. Dont le premier à 16 ans. Tous contractés au nom de ce sacro-saint *« amour »*. Et quatre échecs. Certains plus que d'autres. Mais n'y vois aucune aigreur. Ni l'explication, depuis, de mon refus des passions à long terme. Je suis le seul coupable de ces ratages. Tout simplement parce que je ne suis pas fait pour ça. Je suis bien trop libertaire. Donc je dédouane mes épouses successives de toute responsabilité dans ces fiascos relatifs. Je dis « *relatifs* » parce que, dans la plupart des cas, il en subsiste par bonheur une amitié sans tache. C'est déjà bien de réussir l'après. Donc, de renaître chacun sans trop de séquelles.

Et évidemment, je sens poindre chez toi l'évidence :

— Si tu n'es pas fait pour ça, pourquoi quatre mariages, alors ?

— Honnêtement, je ne sais pas.

Une connerie de môme, peut-être. Comme l'enfant qui se brûle et qui remet les doigts dans le feu pour joucr. Ou, toujours poursuivi par mon enfance, histoire d'enfiler une panoplie de grande personne. Ou peut-être aussi, un kif à la Barclay. L'occasion de s'offrir une cérémonie qui claque. Ou plutôt, je l'avoue franchement, la sécurité d'avoir un camp de base pour me donner tout loisir d'aller faire la guerre en dentelles ailleurs. Un refuge d'arrière-garde pour jouir d'une trêve réparatrice au milieu des escapades.

Le bien-pensant hurle :

— Quelle horreur ! Ça, c'est d'un égoïsme insupportable.

Sans doute. Mais on a dit qu'on mettait les pendules à l'heure, je ne vais pas forcer les aiguilles. Juste pour faire bien. C'est ainsi. J'en connais tant qui se conduisent bien plus mal et qui en aucun cas n'oseront l'avouer. Même pas à eux-mêmes.

Parenthèse au passage, je te précise que j'écris ce livre d'abord pour expliquer à mes enfants et mes petits-enfants, une fois parti, ce que j'étais vraiment. Le tout dernier chapitre leur sera d'ailleurs dédié. Et dans ce cadre-là, je leur dois la vérité, toute la vérité, rien que la vérité. Même si elle doit ternir mon souvenir à leurs yeux.

La parenthèse refermée, je maintiens que mes différentes unions officielles n'ont pas été placées sous le signe d'un amour vertigineux comme il se devrait. Une infinie tendresse, tout au plus. Mais celles que j'ai épousées méritaient toutes, même les pires, que dans mes cavalcades, j'en fasse des exceptions. J'ai toujours eu de l'estime et de l'admiration pour chacune. Mais ma suspicion envers l'amour avec un petit *« a »* fait que j'ai toujours eu un doute sur la sincérité totale du leur. Je n'y peux rien, c'est ma nature.

Attention ! Ne vois pas dans ce que je viens d'écrire un monstre sans aucun égard pour les sentiments de celles qu'il a épousées. Qui ne les voit que comme des candidates à être des *« femmes de »*. Des passantes opportunistes qui n'ont accepté mes intempérances que pour protéger une vie somme toute bien agréable matériellement. J'accepte toutes les critiques, mais pas celle d'être un macho sans aucune considération.

— Ça y ressemble quand même.

— Ce n'est pas le cas.

J'ai assuré à chacune le bien-être, la bienveillance, une présence protectrice et une réelle solidarité d'âme. Je les ai accompagnées du mieux que j'ai pu dans leur projet d'indépendance. Je n'ai imposé à aucune un rôle de Pénélope. Elles ont fait toutes les adaptations à ma vie d'artiste de leur plein gré. Et je me suis battu pour leur donner toutes les chances d'exister sans moi. C'est exactement ma définition personnelle de ce que devrait être l'amour de couple. Ne pas s'appartenir. Ne pas se jurer une passion inaliénable. Mais surtout accepter que l'autre s'épanouisse et soit heureux en dehors de soi.

Alors, c'est vrai, j'ai été infidèle. Mon corps a fait des détours. Mais ma fidélité était ailleurs. Dans une véritable tendresse, une protection, un respect pour celles qui partageaient ma vie. Et surtout une présence indéfectible dans les mauvais moments. De plus, cette infidélité était annoncée dès le départ. Quelque part, une forme de droiture. À l'envers de tant de vrais salauds qui promettent sur leur vie de ne pas bouger une oreille et qui ne s'y tiennent pas. Et évidemment, ce deal autorisait la réciproque. On vit ensemble, on dort ensemble, mais chacun ses jardins secrets. C'était le préalable à notre engagement mutuel, qu'elles étaient libres dès le début d'accepter ou de refuser.

— Tu peux quand même comprendre qu'elles se soient lassées de ce marché, me glisse Maman.

— Oui. Et, pour chaque échec, je prends tous les torts à mon compte.

— J'espère bien. Tu sais que je ne les ai jamais vraiment portées dans mon cœur. Une jalousie de mère protectrice. Mais accorde-leur le mérite d'avoir été plus qu'indulgentes avec toi. Moi, je n'aurais pas pu.

C'est pour ça que je profite de ce livre pour m'excuser de tout. De ce que je n'ai pas ou que j'ai mal réussi. De leur avoir peut-être volé une part de bonheur qu'elles auraient eue auprès d'un autre. De les avoir chéries infiniment certes, mais pas à la hauteur de ce qu'elles avaient imaginé. D'avoir fait tomber de son cheval le prince charmant de leurs rêves de petites filles. À ma décharge, c'était à prévoir. Elles savaient que je n'ai jamais été doué pour l'équitation !

Plaisanterie mise à part, non seulement je leur présente mes excuses, mais je les remercie sincèrement d'avoir été un phare dans la tempête. Parce que les intempéries n'étaient pas les bagarres de mon métier, les deuils, les blessures diverses infligées par les autres. Non. La tempête c'était moi. Inconstant, cyclothymique. Et peut-être bien allergique au bonheur tout simple, comme me l'a reproché l'une d'entre elles.

Merci pour tout, les filles ! Et même pour les affres de la séparation quand elle a été brutale et douloureuse pour moi. Là, c'est l'artiste qui parle. Cette catégorie de blessure est toujours nourricière. Toujours inspirante pour la sincérité de ce qu'on écrit ou de ce qu'on joue. D'ailleurs, ce livre en est la preuve. Et que certaines aient déjà largement profité par avance des droits d'auteur n'est qu'un juste retour des choses.

Bénie soit la cruelle qui a inspiré le « Ne me quitte pas » de Brel ou le « Je suis malade » de Lama. Combien de livres, de films nés d'histoires passionnelles avortées douloureuses. C'est certainement la plus belle excuse que j'accorde à l'amour avec un petit *« a »*. D'avoir été le terreau de tant de chefs-d'œuvre.

Maman intervient encore.

— Je te trouve quand même sévère. Des histoires d'amour sincères, désintéressées et sans nuages qui durent, il y en a.

— Je sais. J'en ai même un bel exemple.

Il y a longtemps, Mir et Miroska étaient des mentalistes stars. Ce sont eux qui avaient inventé l'expression : *« S'il y a un truc, c'est encore plus fort ! »* Ils avaient fait le tour du monde avec leur numéro, joué devant les plus grands chefs d'État de la planète. Inséparables. Autant sur scène que dans la vie. Ils ne passaient pas une minute l'un sans l'autre. Vraiment. Un amour absolu.

Mon regretté Norbert les connaissait bien. Un jour, il leur a rendu visite dans leur suite d'hôtel. Il s'est étonné que Mir ne soit pas là. Miroska l'a rassuré.

— Il est parti dix minutes faire une course. Mais il est là quand même.

Et elle a entraîné Norbert vers le lit. Posé sur les draps, il y avait son costume, sa chemise dans le prolongement de ses chaussures. Comme s'il était allongé. Et Miroska, le regard tendre, lui a murmuré :

— Même quand il ne part que quelques minutes, je ne peux pas me passer de sa présence. Alors, c'est comme s'il était là.

Il est magnifique, cet amour avec un petit *« a »*.

Et je t'en ai dit tant de mal qu'il faut quand même que je tempère mon propos. OK pour la possessivité qui enchaîne, les inconvénients de jalousie ou de routine. Mais je t'ai dit plus haut qu'il y a un trait de mon caractère qui est omniprésent : *le doute.*

Alors rien ne dit qu'avant la fin du chemin je ne changerai pas d'avis.

C'est l'occasion de te confier un de mes secrets les plus intimes. L'explication à la surexposition que je viens de faire de mon libertinage avoué. J'aurais très bien pu, comme beaucoup, garder ce penchant pour moi. Mais au-delà d'un aveu sincère, c'est aussi une stratégie sentimentale. Le moyen d'éloigner de moi à coup sûr celles qui n'en valent pas la peine. Tu sais, ces procureures ancrées dans leurs a priori. Celles qui, au vu et au su de cet étalage, ont un jugement définitif sans aucune nuance sur moi :

— Ce type est un gros lourd, incapable de la moindre attention et de la moindre tendresse. Il faut fuir ce genre d'individu qui réduit la femme à un bout de viande à consommer à la va vite.

Oh, oui ! Fuyez. Fuyez loin. Que je ne perde surtout pas mon temps avec vous. Pour pouvoir consacrer ce temps aux autres. Celles qui voient bien au-delà de la façade. Celles qui disent :

— Allez pose ta panoplie de cavaleur invétéré Patrick ! Nous, on a deviné ce qu'il y a derrière. On l'a comprise ta stratégie. Éliminer celles qui lorsqu'un doigt montre la lune ne voient que le doigt. Ne te dévoiler vraiment qu'à celles qui auront la curiosité d'aller jeter un œil derrière le masque.

— C'est ça. Et pour celles-là, j'ai des réserves incommensurables de mots délicats, de serments, d'attentions et de passion. Ma gauloiserie surjouée a quelque chose d'écologique : le tri sélectif. Pour ne garder que ce qui est l'essence même de toute existence. Un diamant, une pépite. L'amour, le vrai.

Alors, cet amour, va savoir si je n'y crois pas bien plus que je fais semblant de l'avouer par précaution.

Va savoir si je ne t'en ai parlé aussi mal que parce que je ne l'ai pas encore trouvé. L'unique, le définitif.

Peut-être même que je l'espère en secret de toutes mes forces cet amour-là.

La plus inattendue de mes renaissances.

Après tant de tempêtes, après tant de grands vents
Une dernière escale au bout de l'océan
Une île, une elle, enfin ! Une mère de corail
Dont je serai l'enfant sans cris et sans batailles.

Et va savoir si ce n'est pas cette perspective qui dans mon subconscient me retient d'utiliser mon *« luisant »*. Même si ce soir l'envie se fait de plus en plus pressante.

Un gros coup de blues. La guerre fait rage en Ukraine. Les chaînes d'info nous bombardent la menace nucléaire. La Covid est encore là. La campagne présidentielle a tourné à l'Arlésienne. Le climat général est tendu, incertain. Côté intimité c'est la solitude. Même si Nana continue à veiller sur moi avec bienveillance, elle s'est installée dans un autre *« chez-elle »* avec Lily, notre fille.

La convalescence est longue. Douloureuse. Je sais que mon corps balafré ne sera plus jamais tout à fait le même. C8 rediffuse mes vieilles émissions. Comme le coup de poinçon officiel du bon temps révolu. Il y a aussi ma gueule dans la glace que le temps froisse chaque jour un peu plus. Et puis sous ma plume ont défilé mes absents. De Sébastien à Norbert, en passant par Maman, omniprésente. Ce dialogue virtuel avec elle, qu'est-ce que j'aimerais l'avoir en vrai ! Alors, forcément, je pense au moyen de transport le plus rapide pour la rejoindre.

Le doigt sur la gâchette et allez !

En même temps, je suis bien conscient que mes états d'âme sont à la limite de l'indécence. Surtout quand je vois, en ce moment, certains de mes potes obligés de renoncer à leur travail parce que, vu la distance pour s'y rendre et la flambée des prix à la pompe, ça n'est plus rentable. Comme a dit un homme politique pour une fois bien inspiré :

— La station-service, c'est l'endroit où tu as le pistolet, mais c'est toi qui te fais braquer !

Alors mes questions existentielles à côté des vraies galères de la vie courante des gens ordinaires, ça fait un peu masturbation de privilégiés. Mais bon, c'est comme ça. Dans la distribution des rôles du film de nos vies, Dieu n'en est pas à une injustice près.

Une éclaircie quand même dans tout ça. Marie, la fille posthume de Sébastien, est revenue vivre à Martel après deux ans de cohabitation avec son amoureux. Elle l'aime encore, mais elle a besoin de liberté. On en revient à tout ce que j'ai écrit précédemment. La preuve que ce n'est pas une aigreur de vieux con qui en a trop vu. Marie a aujourd'hui 31 ans. Elle non plus ne veut pas aliéner sa liberté à une fusion de cage. Alors elle a rejoint l'antre de « *Pap's* ». C'est comme ça qu'elle m'appelle tendrement.

Comme pour moi, sa naissance et sa renaissance ont été jumelles. Dès le début, elle a dû accepter le sale coup du destin. Ce père envolé dont elle a imprimé à vie toutes les images d'un accident dont elle n'a rien vu. C'est sans doute pour cela que, parmi ses multiples tatouages, elle a fait graver un phénix dans son dos. Au nom certainement d'une résilience et d'un atavisme mélangés.

— Ça va, Pap's ? lance-t-elle, inquiète, en franchissant la porte du bureau d'où je t'écris.

— Moyen.

Comme si dans l'autre maison, plus loin, les mauvaises ondes avaient traversé les murs. Elle m'aime vraiment, Marie. La mort de son père, alors que sa mère était enceinte d'elle de deux mois, a tissé entre nous un fil incassable. Une fusion d'âmes qui va bien au-delà de la tendresse d'un grand-père pour sa petite-fille. Alors, même de loin, elle me ressent, elle anticipe. Parce que je ne lui cache rien. Parce qu'elle sait tout de moi. Et bien plus que les confessions déjà très intimes auxquelles je me laisse aller dans ce livre.

Elle la connaît, mon envie de « *luisant* ». Elle ne me juge pas.

— C'est ta vie. Tu en fais ce que tu veux. Même si pour moi ce serait abominable. Mais pense d'abord à toi. Si ta vie t'est insupportable à ce point, je t'en voudrai énormément, mais je comprendrai.

C'est exactement ce qu'il faut me dire. Et non pas :

– Tu te rends compte de la peine que tu vas faire ? Tu n'as pas le droit. Non seulement c'est lâche, mais c'est dégueulasse pour ceux qui t'aiment vraiment. Pense un peu à nous.

Argument de pacotille de ceux qui te chargent en culpabilité pour atténuer leur chagrin personnel. De l'amour, certes, mais avec un petit « *a* ». Marie, avant de penser à elle, se met dans ma peau. Ça, c'est de l'Amour avec un grand « *A* ». Désintéressé, sans appartenance, dont la principale intention est le bonheur de l'autre.

Elle met ses bras autour de mon cou, m'embrasse dans les cheveux, et me dit :

– Ce qu'il te faut, c'est de la fantaisie. Et vite.

– Ça tombe bien, c'est le troisième volet du chapitre que je suis en train d'écrire.

– Y a pas de hasard.

La fantaisie !

Elle le sait bien, Marie, que ça a toujours été mon exutoire indispensable chaque fois que la situation était grave. L'arme de distraction massive pour engager le début de chaque renaissance. L'attitude ou la phrase légère, humoristique, qui désamorce les pires moments. Elle la connaît, la réplique de mon bon Olivier, mon frère et demi, le jour de la mort de Sébastien, son père, quatre ans après celle de Coluche dans les mêmes circonstances.

Aller quand même chanter ce soir-là a été une des pires épreuves de ma vie. Au moment d'entrer en scène, il me fallait quelque chose. Une connerie futile. Si tu es un de mes fidèles, tu la connais déjà, cette connerie. Cet humour noir de secours qui paradoxalement allume une lumière. Olivier s'est penché à mon oreille et m'a glissé :

— Je veux pas te vexer, mais ton fils, il a imité Coluche mieux que toi !

Cruellement drôle, mais bien plus réparateur qu'une compassion affligée.

— Il faut que tu trouves quelque chose, insiste Marie. Une connerie pour mettre un coup de soleil à ton blues.

— T'as raison. Je vais trouver.

— Il parle de quoi le chapitre que tu es en train d'écrire ?

— D'amour avec un petit « *a* » et d'Amour avec un grand « *A* », entre autres. Le chapitre s'appelle « *Sexe, amour, et fantaisie* ».

— Pourquoi tu ne leur racontes pas l'anecdote avec Denise à l'occasion de ma naissance ? Y a tout ça dedans.

— C'est très *hard*.

— Et alors ? Puisque tu as décidé d'écrire sans filtre, je ne vois pas où est le problème.

— Tu es sûre que ça ne te gênerait pas ?

— Au contraire. J'en suis fière. Comme tu dis, finalement : *« C'est que d'l'Amour ! »*

— OK. Je raconte. Mais il va quand même falloir que je trouve autre chose après.

En préambule, qui est Denise ?

Mes lecteurs la connaissent. J'ai même fait un livre entier sur elle que je te conseille : *Vitriol menthe.* Pour les autres, il faut que vous sachiez qu'au-delà d'être une légende des nuits libertines parisiennes, c'est bien plus que mon amie. Une deuxième maman. Comme je le dis chaque fois que je veux décrire ce qui nous lie si fortement :

— Maman m'a donné le jour, Denise m'a donné la nuit !

Elle est une essentielle parmi celles avec lesquelles je partage l'Amour avec un grand *« A »*. Patronne du club libertin le plus couru de la capitale à partir de 1980, elle connaît chaque recoin de l'âme humaine mieux que personne. Des abysses au firmament, comme je l'ai écrit plus haut. Aujourd'hui, à plus de quatre fois 20 ans elle est lumineuse, droite, étonnamment jeune. À croire que toute une existence à encadrer les plaisirs de la chair et à en profiter goulûment est un élixir de jouvence.

En 1990, elle faisait partie de la famille. Elle connaissait bien Sébastien, qu'elle aimait beaucoup. Après l'accident, elle a été près de moi. Elle m'a réconforté avec des mots simples. Parfois juste en me prêtant un coin d'épaule pour y poser ma tête si lourde. Nous sommes allés souvent, juste nous deux, nous recueillir sur sa tombe. C'est pour cela que le jour où Marie est venue au monde, s'il y a une personne avec qui je voulais partager ce bonheur, c'était bien elle. Après être descendu en Corrèze entre deux émissions pour embrasser mon bébé princesse, je suis remonté à Paris. Et mon premier point de chute a été chez Denise.

1 h 30. Le 26 janvier 1991. Au club 41.

La boîte est bien remplie. Comme d'habitude, des anonymes, des « people », des indécentes, des seuls au bar. Dans la pénombre, des grappes de mélangés qui se donnent du plaisir. La musique fait onduler sur la piste de danse quelques sirènes sans écailles. Denise m'attend. Du haut de l'escalier, nos regards se plantent l'un dans l'autre. Ils ne se détacheront pas une seconde le temps que je parcoure la distance qui me sépare d'elle.

Je la rejoins au bar. On se serre fort. Pas un mot et déjà des larmes. L'instant est chargé de tant de choses. Cette petite qui arrive comme un prolongement. Un petit bout de lui qui va le rendre éternel. Alors, je lui raconte sa bouille, ses premiers pleurs, et mon émotion quand j'ai approché ma main et qu'elle l'a entourée de ses petits doigts.

Elle a une coupe de champagne à la main. Il faut bien arroser ça. Je commande un whisky. Le premier depuis que j'ai arrêté de boire six ans plus tôt en jurant de ne plus jamais y toucher. À circonstance exceptionnelle, reniement exceptionnel. Je n'en ai jamais bu d'autre depuis ce verre-là.

Et d'un coup, c'est comme si autour de nous plus rien n'existait. La musique s'estompe. Les gens disparaissent dans un flou. Juste mon regard dans le sien. Et dedans, ce mélange indéfinissable de souffrance et de plénitude. Et une étincelle inattendue. Un éclat d'interdit. Elle murmure en souriant :

— On est obligés de marquer le coup, non ?

Alors, elle écarte les jambes, je me colle à elle, et on s'emboîte l'un dans l'autre. Sans plaisir, sans pudeur. Je la serre très fort dans mes bras. On pleure. L'étreinte est brève. Violente, pleine de rage. Comme un symbole pour baiser ce putain de destin. Une façon de lui hurler qu'il ne nous abattra pas. Que la vie est plus forte que la mort.

Au bout de quelques secondes seulement, nos bas-ventres se détachent. On croise nos verres. On les avale lentement sans un mot. Elle plante son regard bleu océan dans le mien, force un sourire à travers ses larmes et dit :

— Tu vois, cette petite, si c'est pas une salope, ça ne sera pas de notre faute !

Sûr que certains d'entre vous doivent être choqués par cet accouplement déroutant et les mots qui l'ont conclu. Pour moi, c'est sans doute une des phrases les plus fortes que j'aie entendues de ma vie. Parce que dedans il y avait tout. Toute la cruauté du sort. Tout notre désespoir. Mais aussi toute notre rage de vivre malgré tout. Si incongru que soit notre élan.

L'ordre moral aurait voulu qu'on se contente de larmoyer. De juste se réjouir de cette naissance. Et d'en rester au verre levé pour fêter l'arrivée de l'enfant providence. Comme tout le monde. Mais, voilà ! Denise et moi, on n'est pas comme tout le monde. On est des sauvages à fleur de peau. Des iconoclastes en révolte permanente contre le correct obligatoire. Dans la trivialité de notre réaction, il y avait toute notre différence. Il y avait surtout le bras d'honneur au convenu et au convenable. Parce que quand Dieu vole un enfant à l'amour des siens, même en offrant son prolongement presque en compensation, ce n'est pas convenable.

Non, ce n'est pas convenable.

La fantaisie rempart. Le bouclier de survie. Pour une résilience de plus. Une renaissance de plus. La petite phrase, l'outrance pour désamorcer le grave. Le contre-feu souriant quand la vie te crame. Chaque fois que l'occasion m'en est donnée, je me l'impose. Je n'ai rien inventé. Les plaisanteries de secours des handicapés sur eux-mêmes, les dernières bravades d'un malade pour rire une dernière fois en bout d'agonie sont légion.

Je me souviens de celle de cet ami qui savait pertinemment qu'il n'avait que quelques heures à vivre. Je lui ai demandé si quelque chose lui ferait plaisir. Il m'a répondu :

— Oui. Apprendre le chinois !

Les blagues juives les plus célèbres sont parties du ghetto de Varsovie. Chanter du gai sur les décombres est le moyen le plus optimiste d'amorcer la reconstruction. Sûr que dans les sous-sols de Kiev, aujourd'hui, il y a des mamans qui mentent à leurs petits en leur présentant le *« boum boum »* des bombes comme un jeu divertissant pour leur tirer une risette. À la Roberto Benigni. La vie est belle !

Récemment j'ai reçu la vidéo d'un enterrement où on voyait l'assistance taper des mains autour du cercueil au son léger de mes « Sardines ». *« Qu'est-ce qu'on est serrés au fond de cette boîte ! »* Le surréaliste comique de situation. C'est la dame qu'on enterrait qui avait choisi dans ses dernières volontés ma fantaisie plutôt qu'un requiem. J'ai eu son fils au téléphone. Il m'a assuré que cet accompagnement incongru avait dilué le chagrin et il m'en a remercié.

Dessiner un nez rouge à la tête de mort
À la dame à la faux, mettre une robe en or
Faire des feux d'artifice, jeter des confettis
Pour éteindre le sort et rallumer la vie.

Cet humour noir de survie, mon bon Olivier que je t'ai cité plus haut en était un spécialiste. Tu sais, celui qui avait déprécié mon imitation de Coluche pour la bonne cause. Mon indispensable Olive. Diplômé ès conneries de concours en cas d'incident sérieux. Il était mon secrétaire, homme à tout faire, et surtout l'ami de cœur le plus essentiel qui ait croisé ma route.

Pendant des années, en frères jumeaux, nous l'avons faite ensemble, cette route. Au propre comme au figuré. Des milliers de kilomètres pour voler de spectacle en spectacle. Au-delà de partager mes ivresses et mes fêtes païennes, il gérait l'intendance. Mon planning, mes trajets, mes hôtels. Et aussi mes costumes et accessoires de scène, avec une application de costumier émérite.

Une nuit d'hiver, au retour d'un spectacle, je me suis crashé seul sur le verglas. J'ai rebondi dix fois sur les barrières de sécurité. Je m'en suis sorti presque indemne. Encore ma bonne étoile. La voiture était en miettes. Un pneu avait même volé sur le pont d'autoroute. Mes affaires de scène étaient éparpillées sur une centaine de mètres. Olivier suivait en voiture quelques kilomètres derrière moi. Quand il est arrivé, il me l'a confié plus tard, le fait de me voir debout à côté de la voiture pulvérisée lui a fait pousser un immense soupir de soulagement.

La logique aurait été qu'il se précipite vers moi en disant :

— Tu m'as fait peur ! Ça va ? T'as rien ?

Au lieu de ça, il m'a gratifié d'un numéro de comédien de haute volée. Il a fondu sur moi, le visage contrarié et le ton agressif :

– Putain, à quoi ça sert que je me casse le cul à tout bien ranger dans ton coffre ? T'as vu le chantier ? Un pantalon par-ci, une chemise par-là. Les chaussures dans le fossé. Et comment je vais faire, moi, pour le spectacle de demain ? Tu me prends vraiment pour un con !

J'ai éclaté de rire. J'en ai oublié quelques instants les douleurs multiples du choc. Et pendant qu'il m'étreignait, tellement heureux que je m'en sois sorti par miracle, il a glissé à mon oreille :

– Et en plus il va falloir que je te trouve une autre voiture. Quand on sait pas conduire, on prend le train, connard !

Du grand, du très grand Olive de secours.

J'ai manié cent fois cet humour de sauvegarde. Des pires circonstances aux tout juste embarrassantes. Les pires, c'est quand, par exemple, j'ai déboulé pour dîner chez une amie qui luttait contre le cancer avec comme cadeau une boîte de crabe, en lançant :

– On inverse les rôles. Cette fois c'est toi qui vas le bouffer !

Elle en a souri, on s'est régalés et elle m'a remercié.

La blague, la réplique, l'audace qui ne guérissent rien, mais qui apaisent. Un arc-en-ciel en plein orage. Comme ces milliers d'images qu'on s'échange sur nos portables. Des gaudrioles pour désactiver notre stress le temps d'un copier-coller à expédier à un ami. La dernière en date pour désactiver un peu la trouille d'un Poutine qui a viré tyran représente Clinton et Eltsine côte à côte morts de rire avec cette légende :

« Le monde allait quand même mieux quand il était dirigé par un alcoolique et un obsédé sexuel ! »

De toutes ces fantaisies salvatrices, il en est une qui me tient particulièrement à cœur. Une réplique qui claque. En plein cyclone affectif, le jour de l'enterrement de mon fils.

14 heures. Le 18 juillet 1990. Juillac.

J'avais prévenu Maman :

— Je vais aller lui parler. C'est aujourd'hui ou jamais.

— Comme tu veux, mon petit.

Ce jour d'été sinistre était l'occasion d'enfin me confronter à celui dont Maman m'affirmait depuis toujours qu'il était mon géniteur. Si celui qu'on allait enterrer était son petit-fils, comment pourrait-il me refuser un face-à-face ?

En entrant dans le village de mon enfance où allait être inhumé Sébastien, j'avais le cœur qui battait déjà très fort. Le symbole de ma jeunesse qui rejoignait dramatiquement la sienne brisée. S'y ajoutait l'appréhension de ce que je m'étais promis : aller trouver mon prétendu géniteur après la cérémonie pour avoir un face-à-face d'hommes.

Il y avait peu de chances que je le croise par hasard avant. Le destin, qui écrit tout, l'a mis sur mon chemin dès mon arrivée, à une centaine de mètres du parvis de l'église où les familiers et les badauds m'attendaient. J'ai fait descendre mes passagers pour lui laisser la place, et je l'ai interpellé. Il a accepté de monter à mes côtés sans hésitation. Comme s'il savait que pour lui aussi c'était le moment de la grande explication.

Je me suis garé à l'écart et j'ai demandé :

— Tu sais pourquoi je veux te parler ?

Il a répondu sèchement :

— Oui. Mais c'est pas moi.

Et il est parti dans une argumentation imprécise. Il a désigné celui qui, selon lui, était mon véritable géniteur. Tout ça au prétexte qu'il avait quelques dons artistiques, donc qu'il était logique que j'en aie par atavisme. Une accusation improbable. Comme pour se défausser sur le hasard. Et plus je l'abreuvais des détails indiscutables de ma conception que m'avait confiés Maman, plus il niait. Un dialogue de sourds. Il affirmait que, sans l'ombre d'un doute, ce n'était pas lui. Donc que je devais chercher ailleurs.

Au moment de nous séparer, j'ai ressenti la pesante sensation d'avoir perdu mon père le jour où j'enterrais mon fils. Difficile de faire plus lourd. Comme si on m'arrachait deux énormes morceaux de moi. Et que désormais, privé de ma base et de ma tête, je devrais vivre en homme-tronc. D'ailleurs, c'est peut-être ce que je suis depuis. Par chance, le cœur est dans la poitrine.

Il me la fallait de toute urgence, la fantaisie. Pour ne pas hurler. Pour surtout m'éviter de lui casser la gueule dans un accès de colère. Parce que, s'il savait que c'était vraiment lui, après m'avoir laissé grandir en bâtard montré du doigt, me mentir encore dans le pire moment de ma vie, ça le méritait, non ?

Alors j'ai cherché la parade à une envie pressante de violence inutile et primaire. Il me fallait une certaine élégance. À l'image des derniers mots de Cyrano au bout d'une vie de souffrance intime. Il me fallait, même infime, une pointe de panache.

À ce moment-là, je me suis souvenu des circonstances exactes de ma conception, que Maman m'avait rapportées dans le détail. Ces circonstances qu'en l'occurrence cet homme devait considérer comme atténuantes, et même totalement disculpantes. À cette époque, le plus souvent, faute de préservatif, la contraception consistait pour l'homme à « sauter en marche ». C'était l'expression pour décrire le fait de se retirer brutalement juste avant l'éjacu-

lation. C'est ce qu'il avait fait et cela m'avait été confirmé par Maman. Donc, pour lui, en aucun cas il ne pouvait être mon géniteur. Je peux le comprendre.

Effectivement, « sauter en marche » dédouane de toute responsabilité. À une seule condition : ne pas recommencer quelques minutes plus tard. Ce qu'il avait fait aussi. Beaucoup d'enfants de ma génération sont nés de ce ressac. D'ailleurs, hasard du destin encore une fois, c'est de cette façon involontaire que j'ai conçu Sébastien. Alors à la fin de cet entretien hors norme, la fantaisie m'a dicté la phrase de secours.

En lui ouvrant la portière, je lui ai dit :

— C'est bon, tu peux te retirer de ma voiture.

Et dès qu'il a été hors du véhicule, je lui ai lancé en souriant :

— Évite d'y entrer de nouveau dans cinq minutes. Je ne veux pas de petit frère !

Voilà !

Je t'avoue que ressasser tout ça, même si la chute était jouissive, ne m'a pas vraiment remonté le moral. Alors je vais te quitter quelque temps pour aller rouler un peu. Sillonner en voiture les routes désertes de ma campagne comme je le fais toutes les nuits. C'est là que me viennent mes plus belles inspirations. Là que j'emmagasine le mieux ce qu'en rentrant je peux déverser sur les pages blanches de mon ordinateur. Ce soir, il faut absolument que j'invente une fantaisie de secours. Juste le temps d'une heure ou deux pour moi et de deux interlignes pour toi et je reviens.

Ça y est, j'ai trouvé !

En rentrant de mon périple, j'ai déniché cinq enveloppes au fond d'un vieux tiroir. Je les ai garnies d'une lettre que j'ai écrite à la main et que j'ai photocopiée quatre fois. Sur chacune j'ai inscrit le nom du ou de la destinataire.

Et je suis allé rejoindre Marie dans la maison d'en bas.

Je l'ai tirée de son sommeil en lui disant :

– C'est bon, j'ai trouvé la fantaisie.

À moitié endormie, elle a souri quand même. Et j'ai expliqué :

– Voilà, je te confie ces lettres. Il y en a deux pour des hommes et trois pour des femmes. Tu vas les garder secrètes. Tu les livreras en mains propres à ceux dont le nom est indiqué sur l'enveloppe entre le jour où je mourrai et celui de mon enterrement.

Elle a fait la grimace.

— C'est pas gai, ton truc. Tu es sûr que c'est de la fantaisie ?

— Oui. Je m'en régale d'avance. D'ailleurs je peux te lire ce qu'il y a dans chaque lettre qui est la même pour tous.

— Vas-y.

Très chers,

Tu es seul ou seule à me lire, mais je vous ai mis au pluriel puisque c'est un envoi groupé à cinq privilégiés de mon entourage présent ou passé. Parce que quel que soit votre degré de proximité avec moi, je vous mets tous dans le même sac. Un sac Vuitton, cela va de soi ! « Très chers », c'est bien le mot. Les attentions que vous avez eues pour moi n'ont jamais été désintéressées. Votre amitié ou votre amour ont toujours été liés au bénéfice financier que vous tentiez d'en tirer. Je m'en suis acquitté généreusement, en fermant les yeux sur cette bienveillance lucrative.

C'est pourquoi aujourd'hui, par ce courrier, je vous interdis formellement de venir assister à mon enterrement. Non par vengeance, il y a longtemps que je vous ai pardonné ce travers sans finalement grande importance. Si je refuse catégoriquement que vous assistiez à mes funérailles, c'est juste une précaution pour ne pas spolier financièrement ma descendance, même de peu. Je vous connais tellement bien qu'il serait fort possible que vous leur présentiez des justificatifs afin qu'ils s'acquittent de vos frais de déplacement pour vous rendre à la cérémonie funèbre. Ce qui est hors de question.

Bien à vous.

Votre Patrick tant aimé.

— Yes !!!

Ça, c'est Marie qui a bondi de plaisir. Et tout de suite après, elle a quand même émis une réserve.

— L'idée est géniale, mais je suis étonnée du nom des destinataires. Je m'attendais à d'autres, mais pas ceux-là.

— Eh oui ! Les évidences peuvent parfois être trompeuses. Jure-moi que tu remettras vraiment ce courrier aux intéressés.

— Oh oui ! Et, en plus, je leur demanderai de lire la lettre devant moi juste pour voir leur tête. Quel pied !

Et elle me saute au cou.

Ça y est, je vais mieux.

Ce soir, je vais m'endormir avec le sourire aux lèvres. La fantaisie a nettoyé provisoirement les scories du moment. Le *« luisant »* restera dans son tiroir. Mais il ne s'ennuiera pas, puisqu'il n'est plus seul. Ah oui ! J'ai oublié de te dire. Je lui ai trouvé un copain.

Un revolver à barillet.

L'idée d'une roulette russe pour que le destin décide à ma place me tente de plus en plus. On est joueur ou on ne l'est pas. Et je le suis. Passionnément. La plupart de mes succès ou de mes échecs professionnels se sont joués sur un coup de dés. Je vais t'en parler dans les pages qui suivent.

Alors, vais-je me servir du revolver ?

Si tu me vois assurer la promotion de ce livre, tu penseras que non.

Mais il se pourra aussi que je m'en sois servi et que j'aie réussi.

Je te promets de te tenir au courant dans les chapitres qui suivent.

Si c'est pas du teasing, ça !

LE PARVIS DES APPARENCES

15 heures. Le 9 décembre 2017.

Je suis devant la télévision de ma chambre d'hôtel en attendant mon spectacle du soir. Le cercueil blanc de la star illumine le cœur de l'église de la Madeleine. Je sais que ce soir, j'aurai un grand frisson quand j'attaquerai mon imitation de Johnny. Déjà là, j'ai le cœur lourd. Très lourd. Comme des millions de Français. La mort a emporté tout de lui et tellement de choses de nous. On a tous en nous quelque chose de…

Le chagrin de l'assistance est réel, bien sûr. Mais je ne peux pas m'empêcher de traquer les postures et les impostures. D'abord, ceux qui sont là parce que c'est « the place to be ». Les habitués de la nef. Les pros du requiem. Quelle que soit la célébrité qu'on honore une dernière fois. Les morpions des funérailles. Accrochés au prie-Dieu dans l'espoir d'une photo de magazine people. D'un balayage de caméra. Ah, les belles larmes de circonstance ! Pourvu qu'un flash en fasse scintiller au moins une !

Et puis ce jour-là, star nationale oblige, il y a aussi des présidents de la République. Même pas conscients de l'ubuesque de leur présence. Ils ont tous fait des lois pour nous empêcher de boire, de fumer, de rouler vite, de planquer de l'argent à l'étranger, et ils sont venus rendre un hommage vibrant à quelqu'un qui n'avait fait que ça !

J'en souris en imaginant dans le linceul un réflexe post mortem de l'idole : le majeur qui se redresse, bien tendu.

Et pendant ce temps, dehors, les orphelins, les vrais. Par milliers. Ceux pour lesquels la maison de Dieu n'a jamais aussi bien porté son nom. Les croyants, les intégristes. Ceux qui ont accompagné la procession tout au long des Champs-Élysées du cantique des cantiques : « Que je t'aime, que je t'aime ! »

Avec la parole d'Évangile de l'un d'entre eux :

— Moi je m'en fous qu'il soit enterré à Saint-Barth ! Le plus important, c'est de savoir où il va ressusciter.

Et puis, la messe terminée, la famille est sortie. Embrassades, compassion partagée. L'amie qui regardait la cérémonie avec moi a essuyé une larme.

— C'est tellement beau de les voir tous réunis.

J'ai murmuré, visionnaire :

— La paix va être de courte durée.

Elle s'est cabrée :

— Tu vois le mal partout.

Je vois surtout des appareils photo, des portables, des caméras. Inévitables et impitoyables. Je sais ce que je sais des rancœurs en coulisse. Mais il y a l'obligation pour tous de paraître. De ne donner en pâture à l'hydre moderne que sont les médias que le meilleur de soi. Et tant pis pour les arrière-pensées de la veuve, des enfants. Tant pis si derrière la main dans le dos de chaque accolade est planqué un poignard virtuel.

Ce jour-là, surexposition médiatique oblige, cette sortie d'église a été pour moi un marqueur de plus de la puissance hégémonique du faux-semblant. Un symbole détestable. Celui d'un monde d'images où celle que l'on donne et celle que l'on reçoit ont reconditionné toutes les relations humaines. Informations, spectacles, confessions, débats, c'est pour de faux, comme disent les enfants. La première précaution de la vie publique est le maquillage de l'authenticité. Et dans ce domaine, les médias sont les champions de l'esthétique de façade. La vérité devrait être un phare. Aujourd'hui elle n'est plus que son homophone : un fard.

— La cérémonie touche à sa fin ! Je vous rends l'antenne. C'était votre envoyé spécial en direct du parvis des apparences.

Je vais donc consacrer en partie ce chapitre à l'illusion médiatique.

Ce qui se cache derrière ce qu'on nous montre. Les trucs du tour de passe-passe. Parce que c'est dans le vrai que j'ai toujours puisé le sel de mes renaissances diverses. C'est souvent l'artificiel qui nous égare. Pour retrouver le bon chemin, il est capital de revenir à l'authentique. C'est pour cela qu'une fois de plus je vais m'exprimer sans filtre et sans précaution. À mes risques et périls dont tu as bien compris maintenant que je me fous complètement.

Bien entendu, j'évoquerai surtout la télévision. Parce qu'on ne parle bien que de ce qu'on connaît parfaitement. Et j'en sais tous les rouages. Ses étalages autant que ses secrets. Pendant plus de trente ans, elle a été ma maison. Pour être raccord avec la cérémonie que je viens d'évoquer, mon église, même. Ma Madeleine. Mais pas celle de Proust. Celle-ci avait un goût sucré. La mienne a une saveur aigre-douce. Aigre à la fin surtout, vu la manière dégueulasse dont s'est terminée l'aventure.

Je développerai plus tard. Pour l'instant, je vais m'arrêter à la presse. Ce média omniprésent dans toute carrière d'artiste. Soit qu'elle nous serve, soit qu'elle nous éreinte. J'avoue que, même en étant ami avec beaucoup de journalistes, j'ai toujours eu avec elle des relations plutôt conflictuelles. Je ne compte plus mes ressentiments contre des intervieweurs dont l'écriture dévoyait ce que j'avais déclaré. Il faut dire que j'ai toujours été très disert avec ces gens-là. Au point que Jean-Jacques Goldman, un jour, a tempéré mes excès de confidences intimes en me donnant ce conseil :

— Dis-toi que chaque fois qu'un journaliste t'interroge, c'est un cobra !

Ce même Goldman qui avait trouvé une parade magnifique à l'accumulation de papiers négatifs à son encontre. À l'occasion d'un spectacle dans une grande salle parisienne, il avait acheté une page complète d'un grand quotidien. Il y avait étalé toutes ses mauvaises critiques en barrant la page d'un énorme « *Complet* ». Du grand art !

Je ne connais pas un artiste qui n'ait pas du mal à avaler le dénigrement écrit de son travail. Pas un réalisateur de film démoli en quelques lignes qui n'ait pas envie de dire à l'auteur de la critique :

— Mais tu es qui pour juger mon travail ? J'ai bossé pendant deux ans sans relâche pour fabriquer mon œuvre. Et il te suffit de poser ton cul dans un fauteuil pour réduire à néant l'investissement de toute une équipe !

Et de critiques vengeresses en informations erronées de la part de certains, le métier de journaliste est aujourd'hui le plus impopulaire. À tort, pour moi. L'amalgame est profondément injuste. Le journalisme est une base de la démocratie. Informer est essentiel, et même un regard totalement subjectif est indispensable à la société. Je déplore juste qu'à l'instar des médecins ou des avocats il n'y ait pas un organisme de sanction interne. Un conseil, comme celui de l'Ordre, qui permettrait de radier les brebis galeuses prises en flagrant délit de délation ou de désinformation.

Sans compter l'indécence de certains. Ceux qui ont par exemple publié à la une la photo volée à la morgue de Coluche mort, la tête enrubannée. Ou à titre plus personnel, celui qui, juste par vengeance pour un sketch ironique, a mis en doute la mort accidentelle de mon fils. J'ai longuement raconté les détails de cette histoire sordide sur scène et dans un autre livre, je n'y reviendrai pas. Mais ce genre de comportement fait partie des coups de poignard les plus sanglants que j'aie reçus dans ma carrière. Il a bien fallu que je m'en accommode. Que je trouve le moyen de ne pas suffoquer quand certains articles m'étranglaient.

Alors, bien sûr, il est commun de conseiller :

— Si ces échos te gênent à ce point, ne les lis pas.

C'est un des paradoxes de la condition artistique, hélas ! Même si on sait que l'attaque va nous blesser, une force étrange nous attire à nous en informer quand même. Un masochisme addictif. Comme la cigarette qu'on ne devrait pas prendre mais qu'on allume quand même. Je t'avoue que même aujourd'hui je n'ai pas trouvé la parade. L'envie de savoir est plus forte que l'appréhension de découvrir une critique assassine.

Au-delà de la presse en général, il y a surtout, dans le domaine intime, celle qui viole nos jardins secrets : *« la presse people »*. Le temple du paraître. La poubelle des kiosques, pour certains. Un juste retour de bâton pour d'autres. En partant du principe que toute médaille a son revers, et qu'il faut l'accepter. C'est d'ailleurs l'argument que nous nous servons à nous-mêmes comme seule résilience :

— Normal. C'est la rançon de la gloire !

Parler de ce sujet maintenant ne peut pas mieux tomber. Parce que juste avant d'écrire ce que tu lis, j'ai vécu une expérience qui en dit long sur les tenants et les aboutissants du spectaculaire sur papier glacé. Cet après-midi j'avais rendez-vous avec un ami responsable d'un de ces magazines people qui font le bonheur des commères et des salles d'attente de médecins.

Les titres racoleurs, les secrets indécents
Qui sont aussi menteurs que l'arracheur de dents.
Les malheurs à la une, les succès, les amours
Comme une mise en bouche en attendant son tour.

Le journaliste était une vraie pile électrique. Virevoltant, impatient. Un rendez-vous d'amour ? Une promotion ? Le résultat du loto ? Non. Bien plus excitant : la disparition d'une star de la télé. Je précise qu'à ce moment-là Jean-Pierre Pernaut n'était pas encore mort. Mais il avait ses tuyaux, le monsieur. Ça n'allait pas tarder. Il m'a expliqué que son journal avait tout un réseau d'informateurs. Il connaissait l'issue fatale depuis deux jours déjà.

J'ai demandé :

— C'est combien pour une info comme celle-là ?

— Là, correct. L'informateur nous l'a faite à 1 500 euros.

Tarif d'ami, quoi ! La mort à l'étalage. Et en cas de clichés de l'agonie :

« Y en a un peu plus, j'vous mets tout ? »

Ce qu'il m'a confirmé :

— Parfois, c'est beaucoup, beaucoup plus. Il y a des photos qui valent de l'or.

Jean-Pierre allait mourir deux heures plus tard. En attendant l'annonce officielle, le journaliste était de plus en plus tendu. Ce qui le mettait dans cet état, c'était l'inquiétude. Pas du sort de notre très cher présentateur. Pour lui c'était bouclé, l'affaire était faite. Non, c'était surtout l'appréhension de pouvoir mettre à la une le bon titre, la bonne photo. Il était fixé sur l'écran de son ordinateur en attendant que son assistant lui envoie l'image du scoop. Le titre accrocheur qui ferait bondir les ventes.

Et quand soudain, cette image est apparue, il a sauté de joie :

— Ouais !!! Génial !!!

On voyait sur la photo Jean-Pierre et sa femme. En gros titre : *« Adieu Jean-Pierre »*. Il en a rajouté, en me prenant à témoin :

— C'est magnifique, non ?

Il parlait du rendu de la une, bien sûr. Mais c'était surréaliste. Je t'avoue que je ne trouvais pas les mots. Ce professionnalisme sans états d'âme apparents me laissait bouche bée. J'ai quand même fini par lui faire part de mon étonnement. Sauter de joie à la mort de quelqu'un, ce n'est peut-être pas la plus belle manière de respecter sa mémoire.

Il s'en est défendu, bien évidemment :

— Je l'aimais beaucoup, Jean-Pierre. Tu me connais, je suis quelqu'un de bienveillant, et ça n'enlève rien au chagrin que je peux avoir pour lui et toute sa famille. Mais c'est mon boulot. Reconnais que l'accroche est formidable. Et si tu lis l'article, tu verras que c'est un très bel hommage. Très respectueux.

— Ce n'est pas toujours le cas.

— C'est vrai que parfois, les titres sont violents. Mais les lecteurs connaissent le principe. Quand ils lisent en gros : *« Claire Chazal lutte contre le cancer »*, la suite leur explique qu'en fait elle travaille dans une association qui œuvre contre cette maladie. Il n'y a pas de mensonge. Et l'essentiel, c'est qu'elle soit en bonne santé. C'est juste une formulation ambiguë.

La justification est aléatoire, mais je veux bien l'accepter. Surtout venant de lui. Effectivement, ce journaliste est un mec formidable pour lequel j'ai une réelle tendresse. Alors, je passe sur son élan incongru de satisfaction.

Et puis, comme il m'a dit pour relativiser :

— Ce n'est que du papier. C'est juste notre travail. Il ne faut y attacher que l'importance que ça a. Et, en fait, on ne fait que donner aux lecteurs ce dont ils sont demandeurs. Les vrais responsables de ces excès, est-ce que ce sont les journaux ou les clients ?

J'ai répondu en approuvant :

– Coluche disait en parlant des disques de Mireille Mathieu : *« Il suffirait que les gens ne les achètent plus pour que ça se vende pas. »*

– Voilà, c'est tout à fait ça.

Je n'ai pas pu m'empêcher d'ajouter :

– Et puis là, il n'y a pas mort d'homme, c'est déjà fait !

En fait, cette presse people ne me dérange pas plus que ça. Elle est à l'image de l'hypocrisie de la société nouvelle. La demande me choque plus que l'offre. C'est bien beau de s'indigner de l'indécence des multiples buzz de cette presse et des réseaux sociaux, mais les coupables sont bien plus les voyeurs que les diffuseurs. Une assertion qu'on peut élargir à tous les vices de la société. Qui encourage le plus la prostitution ? Le tapin ou le client ? Qui pérennise le trafic de drogue ? Le dealer ou le consommateur ? Et (ça ne fera pas plaisir à Mélenchon) qui est le vrai responsable des violences policières ? Le fauteur de troubles ou le défenseur de l'ordre ?

Une dernière interrogation pour rejoindre mon cas personnel et en arriver à mes démêlés avec la télévision, comme je te l'avais promis. La question que m'avait posée un ami à la suite de mon éviction sauvage.

— Ils t'ont tué, c'est vrai. Mais qui est vraiment responsable ? Celle qui a tiré, ou toi qui avais chargé l'arme ?

C'est vrai que mon insoumission, mon arrogance, mes provocations multiples, mon refus de tout compromis, ont bien garni le barillet. Je vais m'en expliquer. Même si j'hésite un peu. Juste parce que je n'ai pas envie de cracher dans la soupe. Elle a été bonne. En même temps, je ne veux pas garder sur le cœur ce qui l'a rendu parfois si lourd. J'hésite aussi parce que je sais que les corbeaux m'attendent au tournant. Il y a même gros à parier qu'ils ne retireront que ça de ce livre.

On parie ?

Tant pis, je me lance.

Ami cloporte, allume ta boîte à buzz ! C'est parti !

Et là, évidemment, Maman me met en garde :

— Ça va t'avancer à quoi ? Ça va faire aigri et revanchard. En plus, tu peux balancer ce que tu veux, ce n'est pas ça qui va bousculer le système. Ils seront toujours plus forts que toi. Excuse-moi de te le dire comme ça, mais, au stade où tu en es, tu ferais mieux de continuer à te taire.

— Pourquoi je me tairais ?

– Parce qu'aujourd'hui, je sais que tu as fait un trait sur tout ça. Ça a mis du temps, mais tu es serein. Et, en plus, tu viens de gagner ton procès contre *France 2.* La justice a reconnu qu'on t'avait traité plus qu'injustement. Contente-toi de ça. Ne t'abaisse pas à en rajouter une couche. Au-delà d'être stupide et inutile, c'est de la vengeance stérile.

– D'accord, mais tu me connais. Quand j'étais petit tu m'as appris à ne rien laisser dans mon assiette. Je ne me venge pas, je récure ! Ce n'est surtout pas l'expression d'une rancune, c'est une explication. Je la dois à tous ceux que je croise chaque jour avec la même question aux lèvres au sujet de mon éviction sauvage : pourquoi ?

Et puis, en matière de renaissance, dénoncer ce qui a été n'est pas un règlement de comptes. C'est la première béquille pour apprendre à remarcher après que l'injustice vous a coupé les jambes. D'ailleurs, loin de moi l'aigreur, puisque je reconnais que le service public audiovisuel se porte très bien sans ma présence. De mieux en mieux, même.

Cela prouve bien que ceux qu'on a mis en place, responsables de mon éviction, sont indéniablement compétents. Les résultats sont là. Et dans toute entreprise, c'est cela qui compte. Mais je ne peux m'arrêter qu'à ça. Un rendement économique somme toute efficace. Impitoyable, mais efficace. On ne va pas, en plus, demander à ces gens des valeurs humaines. Ce n'est ni dans le cahier des charges, ni dans leur nature profonde, ni dans l'air du temps.

Pendant mon parcours, j'ai connu des personnages de tous les milieux. Artistique, politique, sportif, cathodique. J'ai connu du suffisant, du hautain, du sournois, du fourbe, du méchant, du lâche. Eh bien ! En cinquante ans de carrière, au-delà de posséder toutes ces *« qualités »* réunies, les derniers dirigeants du service public auxquels j'ai eu affaire sont les gens les plus dépourvus d'humanité que j'aie croisés de toute ma vie.

Et pour te faire une confidence identitaire plus intime, je suis né homme, mais ça ne m'aurait pas déplu d'être une femme. Pour la sensibilité, le courage, le mystère, la force d'âme. Cette envie m'a tenu jusqu'à ce que ma route croise celle de Delphine Ernotte, la patronne glaciale de ce service public. Le jour où je me suis aperçu qu'une femme, ça pouvait aussi être *« ça »*, ça m'a définitivement consolé d'être un homme !

Madame avait prévenu du dégagisme :

— Il y a trop d'hommes blancs de plus de 50 ans !

J'ai dégagé.

Ce qui, au passage, est parfaitement illégal. Un article du code pénal interdit de virer quelqu'un pour son sexe, sa couleur de peau, ou son âge. Mais, bon, quelle est la valeur d'une loi quand on est au-dessus ? Ça, c'est pour l'externe. En interne, il fallait justifier l'éviction. J'ai eu droit à un rapport stalinien, écrit par un employé maison. Un modèle de procès à charge. Tout m'y était reproché dans une description impitoyable de mon travail. L'usure, la ringardise, les plus beaux numéros du *Plus Grand Cabaret du monde* pour eux passés de mode.

Pas de surprise, c'était un rapport sur commande. À l'extrême limite, je peux l'accepter. Mais sa conclusion est certainement la phrase qui résume le mieux le mépris qu'on m'a témoigné pendant toute cette période. L'accusateur public ne pouvait pas nier que, malgré tous ces reproches, les émissions avaient du succès.

Alors, il y a eu ces mots de fin comme ultime condamnation :

« Cependant, reconnaissons que Patrick Sébastien continue à faire de l'audience grâce à son pouvoir contaminant. »

Contaminant !

C'est là que j'ai compris que j'étais un virus qu'il fallait à tout prix éradiquer. C'est ce qu'ils ont fait. Définitivement. Pour qu'il ne subsiste aucun signe de contagion populaire. Et quoi que j'écrive ou dise aujourd'hui, cela n'y changera rien. Maman a raison. Ils sont plus forts que moi.

Quel que soit l'aboiement du chien dans le désert
La caravane passe, elle n'en a rien à faire
La sultane a des sbires aux épées redoutables
Et ma tête tranchée a roulé dans le sable.

Voilà, c'est presque tout !

Pas la peine de détailler trop longuement les fourberies quotidiennes. De s'attarder sur l'incompatibilité d'humeur et d'humour. Je ne l'ai croisée que dix minutes en cinq ans, la « *Reine déneige* ». Un coup de pelle et tu disparais ! J'ai compris à son premier regard qu'elle n'avait qu'une envie : dégager ce pingouin-là de sa banquise. Pour laisser la place à ses mouettes et à ses otaries savantes. Pas assez souple, pas assez lisse, le bestiau.

— Le monde change, mon petit vieux ! C'est fini la gaudriole de salle des fêtes. Les enthousiasmes de camping. On veut du propre sur soi, du docile, de l'élégant. Du Cyril Féraud, du Samuel Étienne, du Stéphane Bern. De ceux à côté desquels Drucker fait figure de punk. Du respectable des villes, quoi ! Pas de l'insoumis foutraque de cambrousse !

— Pourtant, mes émissions plaisaient aux gens du peuple !

— Justement. Il est temps de les rééduquer, ces cons-là ! De les guérir de leurs goûts de chiottes. On n'est pas là pour leur donner ce qu'ils aiment. Nous, on sait ce qui est beau, ce qui est bon. Nos préférences sont forcément les meilleures, puisque ce sont les nôtres. Alors, de gré ou de force, il faudra bien qu'ils s'y plient. Le supermarché des festivités, c'est terminé. On ferme le rayon farces et attrapes. Et pour lancer la campagne de salubrité publique, on va couper les têtes de gondole. Alors, dehors le blaireau pour noces et banquets ! On n'est pas à la kermesse !

Bon, là j'ai extrapolé. Ça n'a pas été dit comme ça. Ça n'a même pas été dit du tout. C'est ma traduction simultanée imaginaire pour la forme. Mais, sur le fond, c'est exactement ça.

Et ça va même au-delà. Aujourd'hui, je suis totalement blacklisté sur le service public. La moindre allusion à mon travail artistique est condamnée. Les programmateurs des émissions ont reçu des ordres de boycott total. Un repris de justice libéré depuis peu, un terroriste flouté, un politique véreux, une bimbo qui vient dégueuler sa médiocrité botoxée, oui. Bienvenue pour un témoignage. Mais ce clown-là ? Ah non !

Je ne leur en veux pas. Le doigt sur la couture de la marge de leur boîte, pour ces producteurs, il est hors de question de désobéir. Ça va même plus loin. Pour ma tournée du *Plus Grand Cabaret du monde* en province, la direction éditoriale a interdit aux journalistes de France 3 le moindre reportage. Tu sais, les mêmes qui dénoncent chaque jour les omertas journalistiques poutiniennes du tsar de la nouvelle Russie.

Je dis souvent à mes amis :

— La liberté d'expression est un poisson qui ne frétille pas !

— Ça veut dire quoi ? demandent-ils.

Observe bien. Quand un pêcheur sort un poisson de l'eau, dans la réalité, il frétille. Dans un film, la plupart du temps, il ne frétille pas. Parce qu'on l'a accroché depuis un bon moment pour les besoins du tournage. Parfois il émerge même au bout de trois ou quatre prises, épuisé. C'est pour de faux, mais ça passe.

Ma métaphore ichtyologique ne changera rien au cours de choses, mais au moins, chaque fois que tu verras à la télé, dans une fiction, un pêcheur sortir un poisson presque inerte, tu penseras à moi. Et peut-être que dans le journal qui suivra, tu recevras toute info avec précaution.

Les apparences ! Encore et toujours les apparences !

La photo d'un miroir n'est jamais qu'un reflet
Et ce qu'il donne à voir n'est pas la vérité
Méfie-toi du venin caché dans un sourire
D'une image aussi fausse que les mots pour la dire.

Allez, stop !

C'est là-dessus qu'on clôt le sujet. Je vais élargir mon particulier au général.

C'est vrai que ma sortie de route a été violente. Mais avant que je me mange le platane, le voyage a quand même été magnifique. D'abord parce que certaines des pendules que je veux remettre à l'heure avaient des aiguilles en or. La télévision à un certain niveau est un domaine particulièrement lucratif. Loin des extravagances de certains sportifs et autres traders, mais quand même.

Ah, l'argent tabou !

Le sujet qui fâche. Pas moi. Je n'ai aucun état d'âme par rapport aux sommes que m'a rapportées la télévision. C'était le salaire justifié de toute prostitution. Ben oui, pute de luxe ! Je sais que la métaphore est trash, mais qu'est-ce que tu crois qu'on est d'autre, nous, les figures de proue de l'image ? C'est le marché de l'offre et de la demande qui décide. Chacun sur son bout de trottoir, on met en valeur nos avantages. On aguiche. On racole. Et plus le client est content, plus il paye.

J'ai été, et je reste un garçon de joie. Avec une nuance importante. Je ne monte pas à n'importe quel prix et avec n'importe qui. C'est ce qui me différencie des tapins ordinaires qui pullulent par les temps qui courent. Ceux qui sont prêts à tout pour gratter le prix d'une passe. À passer parfois sur leur honneur, leur dignité pour une petite place dans la lucarne magique. Les plages de la télé-réalité et les tables de chroniqueurs sont pleines de ces ministars occasionnelles. Parce que exposition égale profit. La télévision est sans doute le milieu où la médiocrité est la plus lucrative. Rassure-toi, je m'inclus aussi dans cette médiocrité. Tant, quelquefois, il m'est arrivé de céder à la facilité.

C'est l'argent qui décide de tout aujourd'hui dans ce monde-là. La religion cathodique est aux mains des marchands du Temple. Une lapalissade : les chaînes commerciales font du commerce. Quoi de plus normal ? Et qui pourrait le leur reprocher ? Avec une règle d'or : que ça rapporte le plus possible et que ça coûte le moins possible. C'est pour cela qu'on voit se multiplier le *« BlaBlacar »* de salon. Une table, des chaises, ça plombe pas vraiment le budget Ikea. Et on envoie des joutes verbales. Ou des confessions ordinaires. Peu de frais, un peu de racolage, et *« voyez caisse »* ! La preuve, c'est que les programmes s'amenuisent au profit d'écrans publicitaires de plus en plus envahissants.

Pour certains, c'est transparent. Mon pote Hanouna assume. Le même décor pour une multitude d'émissions. Des chroniqueurs à la pige ordinaire. Il ne rate pas l'occasion d'en plaisanter en éteignant chez eux toute velléité d'augmentation. Pas d'arnaque. Un sou, c'est un sou. Il le dit lui-même :

« *C'est que d'la télé !* »

Et cette télé-là est faite pour d'abord faire du profit. Il a au moins l'honnêteté de le reconnaître. C'est aussi pour cela que je l'estime. Cyril est un clown, un bateleur de génie, un léger. L'appât du gain va avec la panoplie, bien sûr. Mais vu la somme de travail et les résultats, les bénéfices sont amplement mérités.

Cependant, ne crois surtout pas que les *« propres sur eux »* sont en reste. Sous des façades de donneurs de leçons, pour les moralisateurs du Paf, l'essentiel reste quand même le grisbi, la caillasse. Pas de surprise. Du bobo pur jus. Le cœur à gauche et le portefeuille à droite en entrant dans la BNP. On fait dans le social, la branchitude, l'identitaire et la sauvegarde de la planète, mais on a ses obligations pécuniaires. Pour plaisanter un peu, la culture woke étant frangine de l'écologie, il faut bien payer les herbes de Provence et le sucre en poudre ! Ce n'est pas nouveau. À la grande époque de certaines chaînes privées, la coke n'était pas loin de faire partie intégrante des frais de fonction.

Ce que m'avait très bien imagé mon ami Kersauson :

— *Dans les couloirs de cette télé-là, tu tapes dans le dos de quelqu'un, t'as les pompes blanches !*

Cela signifierait que les arrière-salles du Paf sont des refuges à dealers ? Bien sûr que non. Pas plus qu'ailleurs. Il y a aussi de la corruption ordinaire et de la baise tarifée. La promotion canapé. Voire la promotion « *canne à pêche* ». La mare aux illusions est remplie de gardons frais et de truites vivaces. On appâte à la célébrité provisoire et on ferre.

— Une petite pipe, mademoiselle, et tu annonceras les nouveautés de la Fashion Week. Je te conseille au passage de dégrafer le haut et montrer de la cuisse. C'est vendeur. Et si un salopard se permet la moindre réflexion sexiste, on a des copines à l'antenne locale de « *Me too* » !

Pas besoin d'un talent extraordinaire pour lire un prompteur. Tu serais étonné par le nombre de charmantes qui ont commencé par *« mets tes bas »* et qui ont fini à la *« météo »*.

Pour en revenir à l'hypocrisie de l'argent roi à la télé, je ne peux pas passer sous silence l'entreprise compassionnelle. Les émissions de soutien à la lutte contre une maladie ou la solidarité dans un combat humanitaire. Le nec plus ultra du producteur sans scrupules.

— Vous vous êtes bien gavés sur la dernière *« Spéciale cancer »* ?

— À donf ! Une part de marché de fou. Et une marge de malade, c'est le cas de le dire. Mais c'était pour la bonne cause.

Eh oui ! Le bénévolat a ses limites. Il faut bien payer les cadreurs, les maquilleuses et le buffet. Sans compter les vacances en amont à Saint-Barth de la productrice déléguée pour une introspection préventive. C'est au contact du vrai luxe qu'on estime le mieux la profondeur de la misère.

— C'est une villégiature dorée aux frais des métastases, alors ?

— Non. C'est une retraite préparatoire !

De l'arnaque aux bons sentiments, rien de plus. Et au-delà des producteurs, je n'oublie pas certains artistes qui en profitent pour astiquer ou redorer leur blason. La correspondance directe entre vente de charité et vente d'albums. Quelques-uns des « *Enfoirés* » officiels portent bien leur nom. Le cœur sur la main en façade et la même main qui encaisse une grande part des bénéfices en sous-sol. Encore de la poudre aux yeux. Un numéro de grande illusion. Comme quoi, bonne nouvelle par contumace, *Le Plus Grand Cabaret du monde* n'est pas condamné à disparaître totalement de vos écrans.

Et où on atteint le sommet de la mystification, c'est avec les émissions de société qui, justement, dénoncent les dérives financières des autres. Les chevaliers blancs du détournement de fonds et des prises illégales d'intérêts.

Comme me disait un ami :

– J'accorderai de la valeur à ce genre de chasse à courre le jour où Élise Lucet fera un *Cash investigation* sur l'utilisation des fonds de la télévision publique !

C'est pas gagné !

Pour résumer, l'argent est maître de la télé. J'en ai largement profité. Mais avec un préalable : j'ai décidé de n'en être que l'élève sans en devenir l'esclave. Sinon, aujourd'hui, je serais mort sans aucune chance de renaître. N'oublie jamais ça :

« L'argent à n'importe quel prix n'aide pas à ressusciter, il enterre un peu plus. »

Cet argent, j'ai choisi de m'en servir et non pas d'en dépendre. Le considérer comme un moyen et non comme une fin m'a coûté mon carré de trottoir. Si j'avais accepté la fellation de convenance et la levrette intellectuelle pour le seul but d'augmenter ma cagnotte, j'y serais encore. Mais que veux-tu, on a ses principes ! Je ne le regrette surtout pas. Il est même arrivé que mes états d'âme de libertaire chronique me rapportent plus qu'une soumission. Bien plus, d'ailleurs. À une occasion particulière, certainement le plus beau jackpot de ma carrière.

22 heures. 11 mai 1987. Casino de Paris.

C'est l'entracte.

J'ai prolongé un mois d'Olympia par trois semaines au Casino de Paris. Mon spectacle d'imitations fait un triomphe. Bien aidé par des performances spectaculaires à la télévision. Depuis deux ans, j'apparais tous les trois mois avec un ovni dans le domaine des variétés : Carnaval. *Un énorme carton d'audience. Et surtout une occasion de renverser les codes. Un public déguisé. Des artistes aussi. Et pour terminer le show, je t'en ai déjà parlé, l'homme politique du jour. Original, inattendu, mais surtout terriblement efficace.*

Déjà ma marque de fabrique. Fête, bonne humeur, gauloiserie, décalage. Une aventure farfelue sans aucune retenue, aucune censure. À l'époque, on était encore libre de tout. Et les artistes jouaient le jeu. Bien loin de leur frilosité d'aujourd'hui, entretenue par des managers le regard vissé avant tout sur le tiroir-caisse.

Comme disait Guy Bedos :

— Directeur et artistique, ça ne va pas ensemble !

On est passé du souteneur de quartier au maquereau industriel. Quand on devient un produit, il est hors de question d'écorner l'image de marque. Là où on avait des saltimbanques on se retrouve avec des VRP de la chansonnette ou du stand-up. Des démarcheurs plus soucieux de la conformation du prospectus que du contenu de la matière proposée. Ça m'attriste un peu, mais c'est ainsi. La marche du temps, encore une fois.

Quoi qu'il en soit, la télé à cette époque-là me comblait. Même si elle n'était qu'épisodique. Hors de question d'en faire mon occupation principale. Les spectacles étaient complets et je sillonnais la France en fêtard permanent. De plus, le ratio financier était minime. Pour un mois de préparation et une émission, à peine le dixième de ce que je pouvais gagner sur scène en une soirée. Mais je m'en foutais, c'était juste la devanture. Le bonheur était dans la boutique.

Au Casino de Paris, tout humide de sueur et de plaisir, je quitte la scène pour une pause d'un quart d'heure.

— Y a un type qui t'attend dans ta loge, me signale mon fidèle Jean-Pierre. Il me semble que c'est un mec de Brive.

La Corrèze a dû subir une sacrée délocalisation !

Devant moi, souriant, étalé sur mon canapé, l'empereur Silvio. « Il Cavaliere ». Le Berlusconi dont tout le monde parle depuis qu'il s'est mis en tête de faire de La Cinq la première chaîne française. À grands coups de planche à billets, il a décidé d'engager un mercato à l'image de celui du Milan AC, son club de foot. L'homme est impressionnant et charmeur en diable.

Avec l'accent rital qui fait chanter, il va droit au but :

— Patrick, ce que tu fais me plaît. Je te propose de faire de la télévision régulièrement pour nous. Aujourd'hui, vous vous faites exploiter par les chaînes traditionnelles. Elles se gavent sur votre dos. Avec moi, tu deviens producteur. Je te donne l'argent, tu le gères comme tu veux. Et en plus, comme salaire, je te garantis ça par émission.

Il prend un papier, écrit, et me le tend.

Waouh, le montant !

— Si tu acceptes, combien tu veux faire d'émissions ?

— Ben… une par semaine.

— D'accord.

J'ai toujours été fort en calcul mental. Si j'accepte le contrat de deux ans qu'il me propose, à 34 balais, je mets toute ma famille à l'abri pour longtemps. Seulement voilà, mon petit lutin libertaire fait clignoter une petite lampe rouge.

Je demande :

— Je suppose que je vais être aux ordres. Pour ce prix-là, je ne vais pas forcément être libre de toutes les folies que j'ai dans la tête.

— Au contraire. Tu es libre de tout. Totalement. À condition bien entendu de ne pas troubler l'ordre public, ce qui est la moindre des choses. Ce sera écrit dans ton contrat.

Plus que tentant. Mais mon petit lutin a décidé de rallumer sa lampe.

— Et y a qui d'autre dans l'aventure ?

— Des collègues à toi. Philippe Bouvard, Guillaume Durand, Stéphane Collaro, Patrick Sabatier.

Aujourd'hui, nous sommes amis et je n'ai absolument rien contre lui. Bien au contraire. Mais à l'époque, rivalités d'ego stupides, comme cela arrivait souvent dans ce milieu-là, le courant ne passait pas bien entre Sabatier et moi. Et le Patrick Boutot tête de con a pris le dessus sur le Patrick Sébastien qui aurait tout de suite dû signer des deux mains.

— Regardez, monsieur Berlusconi. Ce soir, la salle est pleine. Je m'éclate. Quel que soit le tarif, je veux pas m'emmerder avec des gens que je n'aime pas trop. En plus, ce que vous avez dit m'amuse. J'adore les challenges. Alors, non seulement je ne vais pas aller chez vous, mais je vais rester sur la Une pour beaucoup moins cher,

et je vais leur demander de me mettre en face de votre Sabatier. Pour le fun.

Et là, il me fait avec les doigts le V de la victoire. Je ne saisis pas très bien ce que signifie cette victoire.

En fait, ce n'est pas un V. Ça veut dire 2. Et il joint le geste à la parole :

— Le double !

Alors là, c'est plus pareil. Déjà, la somme était pour moi inimaginable, mais le double ! Putain, le cadeau ! Et en plus dans ces conditions. Liberté de créer, pas de censure, confiance totale. Avec tous les moyens financiers pour que les délires de mon imagination artistique puissent prendre forme. Le jour où j'ai signé le contrat, j'en ai eu la tête qui tournait. Réellement.

Ce qui ressemble à un chantage n'était absolument pas prémédité. J'ai écouté mon instinct et mon sale caractère. L'attrait de l'argent n'a pas prévalu sur ce qui a toujours été ma valeur de base : faire ce que je veux quoi qu'il en coûte. Cette fois-là, ça m'a été plus que profitable. Même si ça ne compense pas ce que ça me coûtera dans d'autres circonstances. Mais qu'est-ce que tu veux que je te dise ? C'est moi. Entier à mes risques et périls. Et finalement j'en suis assez fier.

L'aventure de La Cinq s'est arrêtée au bout de trois mois. La logistique n'était pas à la hauteur. Les indemnités de licenciement ont été réglées dans la semaine.

Tout ce que Silvio avait promis en matière de liberté d'expression a été respecté. Alors sur le parvis des apparences, on me dira ce qu'on voudra. L'homme est certainement haïssable sur beaucoup d'autres points. Mais en ce qui me concerne, je garde le souvenir d'un seigneur élégant qui n'a pas renié sa parole. Pas sûr que dans la télé d'aujourd'hui il en existe encore de cette race.

Rien n'est tout blanc, rien n'est tout noir. Dans ce monde-là comme ailleurs. Ça aussi, c'est essentiel à toute renaissance : *« Ne jamais s'arrêter à un jugement définitif. »* La condamnation ou l'acquittement sans nuances falsifient toute lucidité. En conséquence, cela diminue d'autant les chances de miser sur le bon cheval pour se faire aider en cas de besoin. Pour moi, personne n'est totalement ange ou démon. Même pas certains politiques, journalistes, ou intimes avec lesquels j'ai sans doute été trop sévère dans cet ouvrage. Même pas Madame Delphine.

Je vais encore t'en offrir quelques exemples. Une sélection de rencontres personnelles que je te certifie toutes authentiques. Même si ça te paraît incroyable. Histoire d'étalonner ton jugement aux deux côtés du miroir. Des discutables en façade qui ne le sont pas tout à fait. Et des vénérables bien loin de leur image immaculée. Pour les faux démons, je citerai leurs noms. Pour les faux anges, je m'abstiendrai. Je ne suis pas une balance.

On commence par les faux démons.

Le fauve apprivoisé

Déjà, j'étais surpris qu'il accepte mon invitation à faire partie des invités du *Plus Grand Cabaret du monde.* Il faut dire que les paillettes et le côté tenue de soirée sont à mille lieues de son univers habituel.

Certains m'avaient dit :

— Fais gaffe quand même, le garçon est imprévisible ! S'il n'est pas dans un état normal, il peut te gâcher la soirée.

J'avais répondu :

— Ça, ça m'étonnerait.

J'avais eu la chance de le croiser quelques fois à Toulouse en studio d'enregistrement. Je l'avais trouvé excessivement attachant. Alors, bien sûr, il y avait ses débordements qui faisaient souvent la une. Son caractère excessif, impulsif. Mais je ne me faisais pas vraiment de souci.

L'émission se déroulait parfaitement bien. Même si j'avais remarqué que la consommation de champagne était conséquente. Et plus les minutes passaient, plus je commençais quand même à m'inquiéter un peu. D'ailleurs, ce soir-là, la chanteuse Dani, installée à sa table, a fini la soirée très très gaie, pour ne pas dire plus.

Au milieu du spectacle, sur scène, il y avait un numéro formidable de main à main, tout en force et en poésie. J'étais à une autre table. J'ai remarqué que mon invité particulier plaisantait avec Dani. Ils commençaient même à rire et à parler un peu fort. J'ai toujours été très tatillon là-dessus. Quand un artiste s'exprime sur scène, je tiens à ce que ce soit dans les meilleures conditions. Je me suis donc dirigé discrètement vers sa table. J'ai glissé à l'oreille du dissipé :

— Écoute, je crois que ça serait bien que vous soyez plus attentifs. En clair, si tu pouvais la fermer, ça m'arrangerait. Je veux pas jouer les maîtres d'école, mais c'est juste une question de respect.

Si l'homme avait été ce qu'on en disait, sa réaction aurait dû être :

— Comment tu me parles, toi ? Me casse pas les couilles ! Déjà que c'est chiant de passer deux heures habillé en pingouin pour ne faire que deux minutes de promo !

Ça a été exactement le contraire :

— Pardon, Patrick, tu as raison. Le respect, c'est la moindre des choses. Excuse-moi.

Et il a fini la soirée en enfant sage. Tellement loin de l'image agressive et sulfureuse. Ce garçon est un être bien plus délicat qu'il n'y paraît. Pas un ange, c'est sûr. Tellement à fleur de peau que parfois il lui est difficile de ne pas exploser. Mais jamais sans raison. Comme dit un de mes aphorismes préférés :

« *Quand un con parle à la montagne, faut pas qu'il s'étonne qu'il y ait de l'écho !* »

Son univers, qu'il soit artistique ou privé, est à l'opposé total du mien. Entre sa banlieue et ma campagne, il n'y a pas que des kilomètres d'écart. Entre les rugissements de ses chansons et les flonflons des miennes, un océan. D'un côté la colère, les frasques, les outrances ; de l'autre la fiesta conviviale. Le rude bonhomme d'acier et le petit bonhomme en mousse. Et pourtant, sur le fond, pour ce qui est de la bienveillance humaniste, nous sommes plus que proches. Et les mots tranquilles échangés dans la loge après me l'ont encore plus confirmé. Ce garçon est vraiment un type bien.

Il s'appelle Joey Starr.

La féministe

Elle est venue dîner avec moi à Martel dans mon antre. En tête à tête. Un moment particulièrement privilégié. C'était il y a presque trente ans. On avait sympathisé à l'occasion de l'émission *Super Nana,* et elle avait accepté mon invitation. Peut-être une intimité douteuse pour certains, un honneur pour moi. La femme était fascinante. D'une classe folle. Décalée, en tailleur strict, assise à la table de bois rustre. Impeccablement mise. Parfumée de fragrances asiatiques. Le regard vif. Impressionnante.

Je la contemplais, en passant dans ma tête le film hors norme de sa vie. Presque gêné d'avoir attiré dans mon décor tout simple celle qui avait connu tant de tables luxueuses. Et surtout, autour, tant de personnalités imposantes. Tout ce qui avait fait l'exceptionnel de son parcours discutable certes, mais légendaire.

On a parlé du temps qui passe, d'ingratitude, de politique, de prison, de liberté. Et puis on s'est attardés longuement sur les femmes, bien sûr. Toutes les femmes. Un partage dans lequel sa vision du féminisme, qui n'avait rien à envier à celle de Marlène Schiappa, m'a à la fois étonné et ravi.

Elle m'a dit :

— Une femme n'appartient à personne, si ce n'est à elle-même. Elle doit se battre chaque jour contre le patriarcat et la soumission. C'est un combat permanent. Elle n'est pas l'égale de l'homme, elle vaut bien plus.

— Je suis d'accord avec vous.

— Mais il ne faut pas se tromper d'ennemis. Mettre tous les hommes dans le même panier est une faute grossière. Il ne faut se battre que contre les salauds. Et pour le reste savoir aussi faire son autocritique. Pour être respectée, il faut être respectable.

— C'est vous qui me dites ça ?

— Oui, c'est moi. Le charme est une arme. Mais pas une arme de guerre. Même si chaque pas vers l'émancipation est un acte de résistance. Il faut s'en servir non pas pour s'enfermer dans une agressivité aveugle, mais pour renforcer son indépendance. En son nom, faire tomber les codes avilissants des siècles précédents. Et ne rien lâcher tant que nos droits n'auront pas pris le dessus sur nos devoirs.

Sur son cas personnel, elle est restée mystérieuse. À aucun moment je n'ai pu percer la carapace. Mais j'ai été convaincu de son investissement sincère dans une lutte de chaque instant pour que les femmes obtiennent dans la société la place qu'elles méritent. Le propos était anachronique. Les apparences la classaient profiteuse et méprisante de la respectabilité féminine. Dans le fond, c'était tout sauf ça.

Une véritable féministe.

Elle s'appelait Madame Claude.

Le bon nounours aimable

Septembre 1979 dans un bar à filles de la rue André-Antoine à Pigalle.

Depuis quelques mois, je fréquente l'endroit régulièrement. J'ai une relation suivie avec une des pensionnaires. Ce soir-là, peu de monde. Un homme est au bout du bar, barbu, imposant. Il boit seul. Pas un regard pour les échassières plantées sur leur tabouret. Comme je connais un peu la clientèle habituelle, quelque chose me dit que ce n'est pas un client ordinaire. Vu son visage fermé, je me garde bien de lui adresser la parole. Apparemment, il attend quelque chose ou quelqu'un.

Le téléphone sonne. Flavie, mon amie la taulière, lui passe la communication. Juste un : « *Oui, j'arrive !* », le visage fermé. Je ne le vois pas passer derrière moi. C'est à ce moment-là que je me retourne pour aller vers la salle, mon whisky à la main. On se heurte, et mon verre se renverse largement sur lui. Je vois Flavie blêmir.

Je m'excuse :

— Je suis désolé, je ne vous avais pas vu.

Un regard noir. Et puis son visage s'éclaire. Un grand sourire.

— C'est pas grave. C'est aussi un peu de ma faute.

Et, en se tournant vers le bar :

— Flavie, remets ça pour moi !

Flavie attrape un verre et commence à le remplir. Il la stoppe :

— Non, pas un verre, une bouteille.

Et il sort en seigneur. Flavie pousse un soupir de soulagement et me lance :

— C'est ton jour de chance.

— Pourquoi ?

Parce que celui qui a été d'une amabilité rare dans ce genre de lieu était recherché par toutes les polices de France. Comme il était grimé, je n'ai pas reconnu l'ennemi public numéro 1.

Il s'appelait Jacques Mesrine.

Quelques exemples de faux anges maintenant. Mais, comme je te l'ai dit précédemment, je leur conserve l'anonymat. Parce que l'information est autant une vertu que la dénonciation est un vice. Je m'arrête d'abord sur un chanteur incontournable. Une des statues indéboulonnables de notre métier. Comme quoi !

L'humaniste

La *« Star »* bien de chez nous était affalée sur un des innombrables canapés qui ont jalonné la carrière de Michel Drucker. À ses côtés, un groupe de rappeurs de banlieue au top du moment. Deux mondes. Hasard de la programmation. L'occasion pour la *« Star »* de dire toute son admiration. Normal. Même à contrecœur, il est toujours bon d'élargir son public. Il alla même jusqu'à proposer un titre en commun dans un futur album. Accolades, fraternité, et surtout solidarité quand les banlieusards ont dénoncé la montée inquiétante du

Front national. Avec un slogan largement approuvé par la « *Star* » :

« *Nous aussi, on est chez nous.* »

Quelques jours plus tard, j'étais invité à dîner chez lui. L'occasion de lui proposer une émission articulée autour de son dernier album. Un événement pour moi. S'il disait oui, ce serait la première fois qu'il accepterait mon invitation. Entre mets et alcools de qualité, la soirée était on ne peut plus conviviale. On a parlé de tout. De filles, de voyages, de voitures, de chansons. Et puis, comme chez n'importe qui, la conversation a dévié sur la politique en fin de repas. La boisson commençait à faire son effet. Pas pour moi, qui avais déjà arrêté les excès depuis quelques années. J'observais, lucide et amusé, les esprits s'échauffer au fur et à mesure que les bouteilles se vidaient.

Outre quelques amis, la « *Star* » était flanquée d'un personnage pour le moins équivoque. Un incontournable de notre métier dont on savait l'admiration secrète pour le IIIe Reich. Un nostalgique avoué. Ce soir-là, il a même évoqué ses dernières vacances à Berchtesgaden. Plus la conversation avançait et plus elle était émaillée d'allusions douteuses à la supériorité de certaines races sur d'autres. Choquantes certes, mais qui ne dépassaient pas plus que ça le tout juste acceptable au nom d'une certaine liberté d'expression.

Et puis la « *Star* » et son compère ont commencé à s'encourager mutuellement à des propos beaucoup plus violents. Je restais muet, mais j'étais abasourdi par les thèses négationnistes qui fusaient, de plus en plus outrageantes. Je n'ai pas pu m'empêcher d'avoir un rictus intérieur crispé en repensant à Drucker sur son canapé, quand la « *Star* » a lancé dans un grand éclat de rire :

— Un bon juif, c'est un juif mort !

Écœurant. Et l'alcool a fini de faire son œuvre. La « *Star* » titubante a pris congé de nous. Son alter ego de propos xénophobes a enfilé son long manteau de cuir noir, mode Gestapo, en en mettant une dernière couche sur les immigrés maghrébins. La racaille qui, s'il en avait le pouvoir, aurait été anéantie depuis longtemps. Juste avant de me dire au revoir, la « *Star* » m'a assuré que mon émission l'intéressait. À condition, bien entendu, qu'on y reste entre bons Français. Et puis, il s'est penché à mon oreille et m'a murmuré, la voix pâteuse :

— Je peux pas le dire parce qu'ils achètent mes disques, mais, moi, Barbès, je finirais ça au lance-flammes !

L'émission ne s'est jamais faite.

L'élégante

À ma table du *Plus Grand Cabaret du monde*, l'actrice était lumineuse. Sa tenue sensuelle et diablement classe avait fait un triomphe à son entrée sur le plateau. Fidèle à son image de marque, au milieu de sa promotion, elle avait glissé quelques mots d'indignation féministe justifiée contre ces porcs qu'il ne fallait pas hésiter à balancer. Question de respect.

Bon, c'est vrai qu'en coulisse le respect avait été loin d'être son fort. Elle avait incendié une petite assistante pour une loge qui ne lui convenait pas. Elle avait également humilié son attachée de presse pour le temps passé dans les embouteillages pour se rendre au studio. En termes choisis que mes assistants avaient entendus à travers la cloison de sa loge.

— Connasse ! Tu pouvais pas me dire qu'on serait bloquées pendant une heure ?

— Tu as bien vu, il y avait un accident.

— Je m'en fous ! Ton boulot, c'est de prévoir !

Et puis elle avait souhaité manger à part pour ne pas se mélanger. Certains de mes autres invités n'étaient pas à sa convenance. Une chieuse XXL quoi ! J'avais usé de toute ma diplomatie pour ne pas la contrarier. Je ne me voyais pas laisser une chaise vide au cas où mademoiselle prenne la mouche et décide de s'en aller. Elle en était capable.

En revanche, devant les caméras, le personnage changeait du tout au tout. Douce, aimable, compassée. Elle avait même eu un petit couplet dans son discours sur une société en perte de valeurs bienveillantes. En oubliant bien sûr son attitude d'avant, quand elle m'avait demandé à voix basse s'il était possible de déplacer le fauteuil d'un handicapé qui se trouvait derrière elle.

— Je n'ai rien contre. Je ne dis pas qu'il faut l'enlever pour le mettre au fond, mais on peut peut-être le décaler un peu. Derrière moi, dans l'image, c'est un peu anxiogène. Et on est quand même là pour donner du rêve.

Je n'ai pas accédé à sa demande. Ce qui a fait que, hors de nos propos à l'antenne, à chaque coupure d'enregistrement, elle ne m'a pas adressé la parole. Si ce n'est pour se plaindre de la climatisation trop fraîche à son goût. C'est te dire comme on a tous été soulagés de la voir s'engouffrer dans son taxi à la fin de l'émission. Sans, bien entendu, avoir daigné faire une halte auprès de quelques fans qui l'attendaient pour un selfie. Au prétexte de devoir rejoindre au plus vite un de ses enfants malade. J'apprendrais plus tard par son attachée de presse que cette excuse avait été totalement inventée.

Un dernier détail. En parfaite maniaque de l'hygiène, elle avait été précautionneuse à l'extrême avec les maquilleuses et les coiffeuses sur la qualité des produits utilisés. Un modèle de propreté. Avec un gros bémol tout de même.

Au moment où j'allais quitter le studio, un assistant, le sourire aux lèvres, m'a pris à part :

— Viens avec moi dans sa loge. Tu vas pas le croire !

Des papiers gras jonchaient le sol. Des restes du repas étaient parsemés sur le canapé. J'ai souri :

— C'est bien la peine de donner des leçons de propreté !

L'assistant a lancé :

— Et t'as pas vu le plus beau !

Dans un cendrier, il y avait un tampon hygiénique usagé !

Le solidaire

Et encore la bonne conscience obligatoire.

Tu es tellement habitué maintenant que je vais te la faire courte. C'était un animateur, invité à la soirée du Sidaction. Devant la télé, je le voyais argumenter. Et même accuser violemment les inconscients qui prenaient le risque de ne pas mettre de préservatifs. Les traitant même d'assassins. Le magnifique cri du cœur ! La belle solidarité. J'aurais dû applaudir, me prosterner devant cet engagement salutaire.

Assise à côté de moi sur mon canapé, une amie lesbienne s'est émue :

— Ça, c'est un mec super ! Je l'ai toujours adoré.

J'ai été obligé de doucher son enthousiasme :

— Tu sais que j'ai plein de potes travestis au bois de Boulogne. Eh bien ! Ton « mec super » a proposé à l'un d'entre eux le double du tarif prévu s'il acceptait d'avoir un rapport sans capote ! Et comme il a refusé, il l'a traité de sale pute de merde.

Quand les parures de rêves cachent des oripeaux
Quand les souliers de roi ne sont que des sabots
Quand ils font des sourires, la rose entre les dents,
Prends garde à chaque épine qui se cache dedans !

Tu dois te demander quel est le rapport entre les apparences que je viens de dénoncer et le titre de ce livre : *Renaître chaque jour.*

Il tient juste dans un conseil :

« Sois ce que tu es et assume-le envers et contre tout. »

Que tu sois ange ou démon. Après un coup du sort tragique, ta renaissance tient à ta transparence. Si tu es un démon, accepte-le et tente de t'en guérir. C'est ce qui atténuera le plus le risque de couler définitivement. En cas de montée des eaux, on ne traverse pas un pont de bois sans risques sur des planches pourries. Si tu es un ange, reste-le. Même si l'injustice subie t'incite par dépit à devenir un démon, n'écoute pas les mauvaises sirènes.

Tu sais, celles qui te disent :

— Qu'est-ce que j'ai fait pour mériter ça ?

Laisse passer l'orage et attends l'éclaircie.

Ça tombe bien, la voici, mon éclaircie !

Un grand bout de ciel bleu au milieu des nuages lourds : les bombes sur Kiev, la Covid qui repart, le pouvoir d'achat qui s'effondre, la violence omniprésente, la Corse en colère, la campagne électorale pitoyable. Et puis, côté perso, toujours la solitude affective, plus le ventre déformé par l'opération et les restes de l'anesthésie qui m'assomment.

Côté public, même avec mon procès gagné contre France 2, les inquisiteurs des réseaux sociaux traquent l'échec dans le succès.

— Il avait demandé des millions, il n'a obtenu que 650 000 euros.

— Ben oui ! C'est le boulot des avocats de demander un max. Je savais bien qu'on ne les aurait pas, abruti ! Qu'importe la somme finale. L'essentiel est d'avoir gagné.

Le relent du panier de crabes me claque aux narines. Qu'est-ce que je suis content d'avoir fui la nasse !

— Alors, c'est quoi cette éclaircie, ce coin de ciel bleu ?

— C'est un bleu France. Celui de mes héros.

15 h 30. Le 14 mars 2022. Marcoussis.

Fabien Galthié, l'entraîneur du XV de France, a appelé ça le « sacré ». Une visite de personnalités entre deux entraînements poussés. Parce qu'il a bien conscience que la préparation mentale est un élément fondamental dans ce genre d'aventure humaine. Le supplément d'âme qui permet d'aller au-delà de soi-même. Dans ce cadre-là, à l'écart du convenu, le staff a jugé indispensable de sortir pendant quelques heures les hommes du schéma traditionnel d'un entraînement physique d'une précision d'horloge.

Nous sommes en plein tournoi des Six Nations. À quelques jours du match contre l'Angleterre qui va peut-être nous offrir un grand chelem attendu depuis des années. En quelques mois, cette équipe de France qui n'en finit pas de gagner a conquis le cœur des Français. Ils ont même terrassé les All Blacks. Le symbole de la toute-puissance. Ça faisait longtemps qu'on attendait ça !

Une équipe qui gagne avec les tripes, le talent et le cœur. Un groupe de mômes extraordinairement matures pour leur âge. Des guerriers incroyables. Humbles, intraitables et joyeux. Avec, en plus, ce fameux supplément d'âme, cet amour, cette solidarité qui permet de renverser des montagnes. Depuis des mois ils enflamment le public, bien au-delà des aficionados.

— Tu leur racontes ta vie, tout simplement, me dit Fabien.

Pour cette parenthèse psychologique, il a été prévu des entretiens avec des hommes aussi divers que Charles

Pépin, un philosophe, Guy Savoy, le grand cuisinier, et Francis Cabrel, Jean-Louis Aubert et moi, des saltimbanques. Charge à nous de passer ce moment d'intimité à nous raconter devant un parterre de colosses attentifs.

Un moment rare que je ne suis pas près d'oublier.

En l'occurrence, la vie que je leur raconte est un peu plus liée que celle des autres à la grande famille du rugby. Parce que c'est mon ADN. Parce que j'ai joué, et que, président de club, j'ai eu l'immense bonheur de remporter la Coupe d'Europe. Alors, quand William Servat et Raphaël Ibañez m'ont demandé de répondre à l'invitation, j'en ai eu des frissons. Je suis sûr que pas un des joueurs présents n'a pu imaginer l'honneur que représentait pour moi ce privilège.

C'est ça qui est merveilleux. Ils me connaissent plus que je les connais et c'est moi qui suis le plus ému. Beaucoup ont grandi avec moi sur l'écran de leur télé. Certains de leurs parents m'ont applaudi bien avant qu'ils naissent. D'autres ont entonné mes chansons dans leurs plus belles troisièmes mi-temps. Je vois dans le regard de certains cette étincelle magique qui s'allume en présence d'une « vedette » que, enfant, on pense inaccessible.

Je doute que certains me croient vraiment quand je leur dis :

— J'ai bientôt cinquante ans de carrière. Sur scène, à la télé, dans mes rencontres avec les plus grandes stars, j'ai vécu des frissons formidables. Mais mon bonheur le plus fort a été au coup de sifflet final de la Coupe d'Europe le jour où je l'ai remportée avec Brive à Cardiff en 1997.

C'est vrai. Cette jouissance unique reste mon orgasme de référence. Une explosion de joie au bout d'une aventure humaine magnifique faite de sang, de larmes, de rires, et de plaisir. Et gravée à vie la liesse qui avait rassemblé sur la place de la Guierle toute ma ville de Brive. Même la plus longue des standing ovations à la fin d'un spectacle ne m'a pas procuré une extase de cette sorte. Et c'est tellement logique.

Enfant, je rêvais bien plus d'endosser le maillot de l'équipe de France que de passer à l'Olympia. Le rugby coule dans mes veines. Il m'a formé. Il m'a appris la solidarité, le courage, le partage. Il est mon socle de vie avant toute autre chose. Aujourd'hui, je regarde 90 % des matchs à la télé. J'ai des amis dans tous les clubs. Aussi bien de vieux briscards que des actifs, dont j'ai même eu certains sous ma coupe en tant que président de club.

Il y a quelques années, dans une émission, j'ai eu droit à un message de félicitations d'une de mes idoles, Sylvester Stallone. Eh bien ! Antoine Dupont m'a touché autant quand il m'a envoyé ce message :

— J'ai oublié de te dire que tout petit je regardais le samedi ton Plus Grand Cabaret du monde.

De la part du plus grand joueur du monde, imagine le compliment pour moi !

Sans doute, si tu es profane, dois-tu te dire que j'en rajoute un peu. Je te jure que non. Ma fierté de faire partie à part entière de cette famille est on ne peut plus sincère.

Surtout avec la dimension qu'a prise aujourd'hui cette équipe de France. Parce que leurs exploits et la ferveur qu'ils génèrent vont bien au-delà d'une simple performance sportive. Dans les circonstances actuelles, c'est un marqueur bien plus important qu'il n'y paraît.

D'abord, l'état d'esprit de ces minots est exemplaire. Si loin des caprices et des excès de certains autres sportifs de balle. Je parle de certains footballeurs, bien entendu. J'adore le foot, mais le manque d'engagement et la suffisance de certaines stars surpayées me gonflent profondément. Ce n'est pas une question d'argent, c'est une question de loyauté. De respect du maillot. Et je ne te parle même pas de la conduite honteuse des hordes de supporters décérébrés. Chez nous, au rugby, tu peux emmener tes gosses au stade sans risque. Un détail qui change tout.

Ensuite, la minisociété qu'est cette équipe de France-là est un modèle de vivre-ensemble. Entre Jelonch du Gers et Woki du 93, quelle belle leçon de mixité ! Et, message à Zemmour, si Mohamed Haouas et Demba Bamba s'appelaient Jean-Pierre et Thierry, ça ne changerait rien à leur hargne de se sacrifier dans chaque mêlée pour le drapeau. Dans une France électorale qui sépare, qui divise, quoi de plus parlant que cette leçon donnée par ces héros modernes. Ces guerriers sans armes qui vont au-delà d'eux-mêmes pour la fierté de porter le maillot bleu blanc rouge frappé du coq.

Et si c'était ça, la vraie France ?

Et si c'était ça, le projet d'avenir pour nos mômes ballottés entre Instagram, Fornite, et l'angoisse de vivre ? Vibrer, se dépasser dans le respect de soi-même et de chaque autre. Avancer en équipe et non en égoïste. Se sublimer et ne pas avoir honte, après, de chanter, rire et boire ensemble. Et si cette parenthèse sportive enchantée était un symbole sociétal bien plus fort qu'il n'y paraît ? Et s'il était, dans ces valeurs simples, l'espoir de guérison d'un pays malade de sa déprime ?

Allez les Bleus ?

Non, virez les bleus ! Les hématomes, les meurtrissures, les blessures fantômes à l'âme. Revenez à une liberté, une égalité et une fraternité réelles. Authentiques et dépouillées de tout calcul d'ego. À l'image de nos « petits », avec de la solidarité, de l'acharnement, de l'amour, de l'enthousiasme et de la générosité, tout est possible !

Ça y est, je suis rentré dans mon antre de Martel.

Au moment où je reprends l'écriture, quinze jours ont passé depuis Marcoussis. Ils ont gagné le grand chelem, mes héros. Le Stade de France était en transe. Le bonheur absolu. Et devant la télé, 9 millions de téléspectateurs, un record. J'en souris d'autant plus. Depuis que j'ai quitté la case du samedi soir, les audiences sont en Bern. Ou en berne quand ce sont d'autres que lui. Avec *Spectaculaire*, ils ont bien tenté un ersatz du *Plus Grand*

Cabaret du monde. Un flop. Je ne dis pas que le blaireau des kermesses leur manque, mais va savoir ?

Le triomphe des Bleus aura mis un immense coup de soleil aux programmes. Une éclaircie de courte durée. Même avec l'arrivée du printemps, le Paf a repris le cours de sa météo automnale.

« Le temps sera gris sur la majeure partie du paysage audiovisuel. Une nouvelle dépression est annoncée. »

Dépression est bien le mot. Comment veux-tu être optimiste et renaître avec un temps pareil ? Alors mets-toi à l'abri. Tu as le parapluie sur ton canapé. Ça s'appelle une télécommande. En la maniant avec précaution et parcimonie, tu pourras éviter les intempéries. Et, en particulier, les averses de mauvaises nouvelles sur les chaînes d'info.

Au programme de ce soir, c'est la grêle des obus sur Marioupol. Et toujours le défilé des analystes anxiogènes. C'est à celui qui ukrainisera le plus la peur. Bernard-Henri Lviv et Arielle Donbass. Avec les superproductions cinématographiques : *Otan en emporte le vent. Crimée et châtiment. Les bronzés font du Zelenski. Vladimir, Joe, Emmanuel et les autres.*

Jeux de mots faciles pour le plaisir.

Mais, plus étonnant, pour ce qui est des vraies fictions, la même soupe anxiogène est au menu de ton plateau télé. Plus que paradoxal. Je pensais qu'en ces périodes incertaines le public se jetterait sur le moindre divertissement. C'est le contraire. Tout ce qui commence par *Crime à*... ou *Meurtre à*... fait un carton. La moindre histoire de harcèlement, pédophilie, violence faite aux femmes, cancer incurable, est une garantie d'audience certaine.

On pourrait entendre dans les couloirs :

– Elle a fait combien, la femme qui a tué son mari qui la martyrisait ?

– Deux ans ferme, je crois.

– Non, de parts de marché.

– Vingt-sept. Le top ! On peut monter à trente avec le prochain opus sur celle qui a gardé ses enfants morts dans un congélateur.

Sponsorisé par Picard !

Je caricature bien sûr. À peine, d'ailleurs, tant la publicité elle aussi participe à la grisaille ambiante. Attention ! Le pire vous guette, il est urgent de vous prémunir. Des lotions pour vos cheveux qui vont tomber. Des tubes de dentifrice au fluor pour vos dents qui vont se déchausser. Des produits contre les bactéries dans vos cuisines, la vieillesse dans vos escaliers. Plus l'appel aux dons pour les associations qui luttent contre le cancer, le sida.

– Ne vous croyez pas à l'abri, bonnes gens, la menace est partout !

Putain de matraquage !

Mais au fond, c'est quoi le but ? Mis à part, bien sûr, la volonté de faire du fric, et encore du fric. Est-ce que ce ne serait pas bien plus pervers que ça ? Encore le parvis des apparences. Saouler les gens du malheur des autres, de la crainte des maux à venir, dans l'intention de scotcher leur envie légitime de révolte à leur canapé. Parce qu'en voyant tout ça, forcément, tu finis par te dire que ton sort n'est pas le pire.

— D'accord, je ne peux pas boucler mon budget. D'accord, ma vie quotidienne est bourrée d'injustices. D'accord, il faudrait renverser la table pour avoir droit à la dignité et la considération qui me sont dues. Mais bon ! Il n'y pas de bombes dans mon ciel. Mon gosse ne s'est pas fait violer. Le tremblement de terre au Japon, c'est terrible, mais c'est loin. La famine en Afrique aussi. Je ne vais pas me plaindre, Lidl me fait des prix coûtants. Alors je vais attendre pour téléphoner à Manu pour lui dire : *« On est mal, patron ! »*

Comment veux-tu renaître dans des conditions pareilles ?

Comment veux-tu envisager ton horizon autrement que gris sale ?

Comment veux-tu allumer les plus vives couleurs des arcs-en-ciel quand on s'acharne à les délaver ?

Et c'est comme ça que la télé nouvelle a éteint la fantaisie populaire, les rires bon enfant, les variétés légères. J'empiète un peu sur le chapitre suivant, mais qu'est-ce que c'était bien avant ! Attention, je n'ai pas dit *« mieux »*. J'ai dit *« bien »*. Différent, mais bien. Une façon de t'annoncer que je consacrerai mes dernières pages à la nostalgie. Je l'ai rebaptisée *« nostalvie »*, tant les précautions moralisatrices ont signé la mort lente de la gaieté insouciante.

Aujourd'hui, l'humour est un produit bien trop dangereux pour le laisser s'exprimer en toute liberté. Sauf, bien sûr, celui adoubé par le prétendu esprit Canal. Celui qui autorise, dans une soirée des César, à amuser bien plus ceux qui le créent que ceux qui le reçoivent. Avec, pour moi, la dérive gênante qui pousse la plupart des femmes humoristes à se vautrer dans l'intimité vulgaire. Sodomie et menstruations sont les mamelles de leurs *punchlines*. La dictature des mots. Non pas de ceux qu'on autorise, mais de ceux et celles à qui il est permis de les dire.

La chanson, elle, ne se décline pratiquement plus qu'en concours ou remises de prix uniquement à ceux qui ont la carte. La diversité se transforme de plus en plus en *« divers-cité »*. À part quelques Vianney ou Capéo, pas facile d'échapper au tout-rap. Je n'ai rien contre, bien au contraire, mais c'est faire bien peu de cas de tout le reste. Brassens, Gainsbourg, Brel n'auraient même pas passé les éliminatoires de *The Voice.*

Absolument nostalgique, alors ? Plutôt nostal… chic. Il me manque l'élégance d'une religion sans chapelle imposée.

Mais bon, ce n'est qu'une ébauche de mon désenchantement modulable. Parce que je ne rejette pas non plus tout en bloc. Mon appréciation est étalonnée à mon vécu. Et par chance, ma génération a traversé de vraies années bonheur. Ce que je souhaite évidemment à la génération de mes enfants. Allez ! Juste un peu de patience, le temps de prendre un café sur ma terrasse, et je t'en dirai plus dans le chapitre suivant.

1 h 30. Le 24 mars 2022. Martel.

La nuit est fraîche, mais agréable et étoilée. Ma météo est presque au beau fixe. L'anticyclone s'est installé dans ma peau. J'ai à peu près dompté les plus violentes de mes douleurs. J'ai repris le théâtre. Les standing ovations m'ont redonné confiance en moi. Pas le moindre ressentiment pour mon absence de projet cathodique. Au contraire, j'ai acquis la certitude de ne plus jamais y remettre les pieds. Sans aucun regret. Le procès contre France 2 est gagné, et C8 me commande encore une rafale d'anciennes émissions pour la saison prochaine.

Ma séparation intime a pris sa vitesse de croisière sur une mer calme. Pas de vagues, aucun ressac. Mes passantes de cœur me comblent de sollicitude et de tendresse véritable. Mes enfants vont bien. Le dernier petit-fils rit déjà à gorge déployée. Je prépare avec Marie la tournée d'été où elle va danser près de moi sur mes chansons gaies. La feria de Nîmes et les stades du Nord nous attendent. Et au-delà de tout ça, il y a l'infinie satisfaction d'avoir gagné. D'avoir vaincu le découragement. À force de résilience, d'optimisme, de verre à moitié plein.

Je devrais être apaisé. Et pourtant, étrangement, ce soir, un spleen sournois est venu m'envahir. Cela me rappelle le soir de la victoire en Coupe d'Europe. Vers minuit, j'ai eu une sorte de baby-blues. J'avais réussi l'improbable. Comme aujourd'hui. Être sorti la tête haute de ce qui aurait dû m'engloutir. Avoir terrassé le dragon des âmes grises. Avoir fini, en allant au bout de ma volonté, par conserver intact mon sourire intérieur.

Hier soir, mon pote Georges, le bon toubib de Brive, m'a dit :

— Je ne sais pas de quelle matière tu es fait. Mais une force mentale pareille, ça m'impressionne !

Tout va bien. Alors, en parfaite lucidité, l'envie de « luisant » me reprend. Ben oui ! Forcément. La tentation de finir sur une bonne note. Avant que n'arrive la prochaine tempête. Parce que l'âge et les circonstances la fabriqueront forcément.

Je suis sur la terrasse. Le revolver dans les mains. Je vais jouer. Mais pas en collant l'arme sur ma tempe. Je vais faire un test pour de faux. Pour savoir si la balle que je viens d'insérer claquera ou pas. Je fais tourner le barillet. Je tends le bras et j'appuie. La balle a claqué. Ça veut dire quoi ?

— Ça veut dire que tu es un imbécile, me souffle Maman. Ne joue plus à ça. Laisse Dieu décider.

— Excuse-moi, mais je l'ai vu décider pour toi, ton Dieu. Et ça c'est hors de question.

— Pourquoi ?

— Parce que tu t'es traînée d'hôpital en hôpital pendant quatre ans. Parce que toi qui étais la vie même, je t'ai regardée mourir à petit feu pendant des mois. Souffrir, pleurer. Alors, non !

— Qu'est-ce qui te fait croire que tu seras malade à ce point ?

— Rien. Mais tant que ça va à peu près, je ne veux pas attendre qu'éventuellement ça dégénère.

— Alors, j'ai un dernier argument.

— Lequel ?

— Dans un an, c'est la Coupe du monde de rugby. Tu veux vraiment partir sans avoir vu tes héros la soulever ?

Je ne réponds pas. Mais tout au fond de moi, une petite lumière s'allume.

Touché ! C'est ça qu'il fallait me dire.

Les renaissances n'ont parfois besoin que du plus simple des éléments de départ.

Un prétexte.

LA NOSTALVIE

Récemment, un ami a offert un livre à un enfant de 6 ans. Le môme a pris ce livre dans ses mains et il a balayé la couverture avec son doigt. Comme pour faire défiler les images sur une tablette. Tout le symbole d'une époque qui a numérisé non seulement nos gestes, mais aussi nos consciences. Les distractions, les infos, les recherches amoureuses nous ont aliénés à un écran total.

Y a-t-il une place pour un véritable rayon de soleil ?

Nous sommes devenus des photos, des images
C'est dans nos canapés que l'on part en voyage
Et lorsque l'on pianote un visage qu'on aime
Est-ce une symphonie ou bien un requiem ?

Un écrivain américain, Frank Moore Colby, a dit :

« Tous les progrès de communication rendent l'ennui encore plus terrible. »

Ma nostalgie se nourrit principalement de cela. De ce virtuel qui repousse jour après jour les limites de l'humain. De l'incongruité anatomique : la partie la plus importante du corps pour nos mômes d'aujourd'hui, ce sont les pouces. Pour pianoter sur le smartphone. Moi, c'était la main tout entière, pour cueillir une pomme, caresser un animal. Serrer surtout en vrai celle d'un autre, au lieu d'envoyer un émoticône pour dire bonjour.

Non que je repousse toute forme de modernisme, loin de là. Je préfère largement le GPS aux cartes routières. L'ordinateur sur lequel j'écris m'offre bien plus de facilités que mes vieux cahiers et ma plume d'avant. Mon célibat nouveau s'accommode très bien des livraisons Uber Eats, étant donné le piètre cuisinier que je suis. Mon portable et ma tablette me sont indispensables. Mais bon ! Qu'est-ce qu'on y a gagné ? Qu'est-ce qu'on y a perdu ?

Je vais revenir en détail sur tout ça. Mais pour bien analyser, je vais passer mon doigt sur la tablette de ma mémoire. En m'arrêtant d'abord sur l'image sans doute la plus ensoleillée de ma vie. Une photo de moi, l'été 1973. Celui de mes 19 ans. Certainement ma plus belle année bonheur. Au top de ma forme physique. La liberté en étendard. Un été sans étau. Sans les mille précautions et contraintes d'aujourd'hui qui nous enserrent.

Et déjà, des renaissances chaque jour.

Après la mort de ma grand-mère adorée. La cassure du fil d'un de ses cheveux blancs qui me rattachait à ma si douce petite enfance. Après la naissance de Sébastien, trois ans plus tôt, l'entrée très compliquée dans la vraie vie, parce qu'il était hors de question de ne pas assumer en adulte mon égarement d'adolescent. Après le premier divorce, déjà. Après un KO d'une demi-heure à la suite d'un sale coup sur un terrain de rugby. Après un accident de 4L duquel je me suis sorti par miracle. Après ma décision de devenir légionnaire en Mauritanie. J'ai fait demi-tour sur le quai de la gare. Et malgré le premier gros chagrin d'amour pour une volage de dancing, dont je te parlerai plus loin, le souvenir des plus belles années de ma vie.

Avec, évidemment, la phrase que serinent en boucle les gens de ma génération :

« C'était mieux avant ! »

Comme je te l'ai écrit plus haut, je ne dis pas que c'était mieux. Je dis juste que c'était bien. Tellement bien. Et pas seulement parce que le prisme du temps qui passe me renvoie à un physique plus agréable et à une âme épargnée par la multitude des tourments d'après. Non. Il s'agit surtout d'un air ambiant. D'une douceur d'exister. Si éloignée de la torpeur anxiogène que nous imposent aujourd'hui les précautions sanitaires, les interdits au nom de la morale et la surinformation.

Allez, je t'emmène *« chez »* mes 19 ans à Brive et dans ses environs. Un samedi de juillet.

On a rendez-vous au snack-bar Le Turenne, en face de la caserne. Le temple de ma nostalgie. Maman, la patronne, est là en gourou. Tous les membres de la secte joyeuse sont éparpillés entre le bar et l'arrière-salle. Des ouvriers, des étudiants, des représentants, des militaires. Des filles gentilles. On avait la cigarette au bec. Les apéros joyeux s'éternisaient parfois jusqu'à minuit. Le juke-box balançait du Sardou, du Dassin, du Stone et Charden, du Cloclo. Du gai, du léger. Et puis il y avait du

« pas vegan » dans l'assiette. De l'entrecôte-frites comme plat du jour. De tous les jours, d'ailleurs. Du pas cher. Et souvent du gratuit.

— Laisse, tu paieras plus tard ! disait Maman à celui qui manquait.

Le but, pour elle, était de gagner juste assez pour continuer à être heureuse. Alors bien sûr, il arrivait à des alcoolisés de s'endormir au comptoir. Les blagues osées émaillaient la conversation. Les éclats de rire fusaient. Parfois quelques gnons partaient, pour un prétexte futile. Maman faisait le flic et tout rentrait dans l'ordre. Côté filles, il y avait des mains baladeuses. La récompense était un flirt, la punition une grande gifle. L'outrage s'arrêtait là. Personne n'a jamais violé ni forcé quiconque.

— C'était donc ça, ton temple ? grince l'ulcéré. Un ramassis de primaires. De la musique à deux balles, des enfumés, des goinfres, des sexistes, des alcooliques, des violents. Quelle classe !

C'est vrai qu'aujourd'hui il y aurait de l'indignation officielle, de la plainte, voire de la fermeture administrative. De la police des bonnes mœurs. La horde des offusqués de tout nous condamnerait à l'indignité sociale. Pardon monsieur le Juge, mais on essayait juste d'être des gens heureux ! Des patriotes du plaisir, avec une vraie devise républicaine : *« Liberté, égalité, fraternité. »* Sans cloisons. Sans mépris. Sans ségrégation surtout.

Parmi les amis, il y avait une majorité de Corréziens pur jus. Mais aussi Saïd, Ricardo, Awa, Ben, Boubacar, Rachida. En parfaite entente. Même si j'entends aujourd'hui le désarroi de certains. Quand sur les trottoirs de certaines villes, essayer de trouver un Français de souche dans la foule équivaut à jouer à *« Où est Charlie ? »*. C'est un autre débat. Justement, ce débat-là, à la terrasse du Turenne, n'avait pas lieu d'être. Dans cette mixité équilibrée, on ne considérait personne comme un envahisseur, mais comme un légitime. Et l'humaniste que je suis en était comblé.

On échappait surtout à de vrais envahisseurs : les médias omniprésents. La télé dans l'arrière-salle n'était presque jamais allumée. On y posait le plateau de fromages. Ça sentait fort dessus, pas dedans. Pas de portable hypnotique. On se regardait dans les yeux. On ne parlait pas à nos mains. L'alerte info se passait de bouche à oreille. Le buzz du jour, c'était l'un d'entre nous qui entrait dans le bar en annonçant que la femme du notaire s'était fait prendre en flagrant délit d'adultère. Et quand une catastrophe lointaine arrivait à nos oreilles, certains pouvaient même la relativiser avec une indifférence cruelle.

— T'as vu ? Y a un Tupolev qui s'est écrasé sur Goussainville !

— Qu'est-ce que j'en ai à foutre du moment que c'est pas dans mon verre !

Les drames du bout du monde n'avaient pas le temps de parvenir jusqu'à nous. Et tant mieux. Qu'est-ce que le tsunami en Inde aurait changé à nos vies ? Égoïstes ? Lâchement indifférents ? Certainement. Et sans états d'âme. Je sais qu'il est de bon ton de s'indigner de la famine du bout du monde. Surtout devant une assiette pleine.

Mais, hélas ! Coluche avait raison quand il disait :

« La misère du monde n'est pas de dimension humaine ! »

On n'était pas assommés chaque jour par des menaces sanitaires nouvelles. On gardait notre bonne santé, sans être malades par avance de l'éventualité qu'on puisse la perdre. On n'était pas malheureux, du simple fait qu'au journal de 13 heures ou de 20 heures personne ne venait nous dire qu'on l'était. De toute façon, à ces heures-là, on était à l'apéro.

Pas de brigade du tabac, de la musique trop forte ou du Ricard-tomate. Pas de dénonciation sur les réseaux sociaux pour une soirée festive qui se terminait aux aurores. Pour un joyeux qui tournait autour du rond-point à poil, les fesses peintes en bleu blanc rouge pour fêter une victoire du XV de France. Quand les flics passaient la porte c'était pour trinquer avec nous.

Et toujours, toujours, on traquait l'occasion de faire fructifier le bien dont on était le plus riches : *« la bonne humeur »*. La farce à la moindre occasion. Quitte à pousser toujours plus loin la plaisanterie, même la plus débile. Et dans ce domaine-là, j'ai été un seigneur. J'ai obtenu mon diplôme officiel de déconneur agrégé à la terrasse du Turenne. Avec félicitations du jury.

Maman, la présidente, avait adoubé mon titre de sa phrase fétiche :

— Une vie sans connerie, c'est comme le gigot sans ail. Ça nourrit, mais ça régale pas !

Mais elle avait ajouté :

— Attention ! Prends soin de toi ! Vis, ris, profite, mais jamais aux dépens du plus faible que toi. Il faut aimer les autres pour mieux s'aimer soi-même. Partage et ne laisse rien passer. Tu ne le sais pas, mais tu es peut-être en train de vivre les plus belles années de ta vie. Alors n'en rate pas un seul instant.

C'est pas « *peut-être* », c'est sûr.

Pour le coup, on renaissait chaque soir au bar du Turenne. Après une lourde journée de boulot. Parce qu'elle était âpre la vie. La plupart faisaient les trente-cinq heures en trois jours. Sans chouiner sur la pénibilité. Alors il fallait bien un exutoire. La fraîcheur du verre de rosé, ça soulageait les ampoules aux mains. Ça apaisait surtout les cals à l'âme. La résignation d'une vie de travail monotone sans trop d'espoir d'une issue vraiment confortable avant la retraite.

L'argent ne coulait pas à flots. Tout se gagnait à la sueur. Sans confort, ni privilège. Rien de ce qui m'attache aujourd'hui. De ce qui m'enchaîne. De ce qui me sécurise et me désole à la fois. À l'heure où mes divorces ont casé mes ex dans des appartements confortables, ma nostalgie me rappelle que je n'offrais à mes belles qu'un coin de couverture. Un tissu de secours rangé dans le coffre de la R16 pour aller faire l'amour dans les prés. Surtout les soirs de bal.

Ah, le baloche de campagne !

Le parquet rose et vert. La drague à touche-touche au son des slows langoureux. Du speed dating, quoi ! Mais avec la peau. L'intensité du frottement présageait la suite. Une main égarée sur la cuisse que la jeune fille repoussait sans violence et c'était la défaite annoncée. Le bas-ventre qui se collait au tien et c'était la victoire. Avec la possibilité acrobatique de conclure dans la « *Fiat pot de yaourt* », portières ouvertes pour laisser passer les jambes. Tout un monde de haute voltige !

À l'heure où, aujourd'hui, le moindre frôlement intempestif te classe harceleur, tu la saisis mieux, ma nostalgie ? Attention ! D'accord pour la chasse aux pervers, aux insistants vicelards et irrespectueux, mais la pudibonderie accusatrice me tétanise. La suspicion obligatoire me hérisse. Je les entends chaque jour les combattantes acharnées de la nouvelle bataille des sexes. Les farouches. Les intraitables qui assènent sentence après sentence :

— Méfiez-vous des hommes, ce sont tous des salauds en puissance ! Alors, messieurs, rangez toute allusion à un physique avenant. Tout sourire équivoque. La milice veille. La moindre œillade avec un sous-entendu érotique pourra être portée à votre discrédit. Et sachez que, parole contre parole, vous serez toujours un perdant a priori. Le temps qu'un non-lieu assèche les torrents de boue des réseaux sociaux, vous aurez tout perdu. Ah, ça ! Même si vous êtes présumés innocents, on va vous les faire payer cher, toutes ces années de sexisme impuni !

Soit ! La libération de la parole est effectivement un des plus grands progrès humanistes de ces dernières années. Je la cautionne à 1 000 %. Elle permet de traquer les vrais dégueulasses. Mais, comme toute médaille, elle a son revers. L'abus de force après l'abus de faiblesse. Tu te rends compte qu'aujourd'hui, j'en suis arrivé à appliquer à la lettre la mise en garde de mon avocat :

— Je te conseille de filmer avec ton portable la jeune fille qui t'apporte le petit déjeuner dans ta chambre d'hôtel. Au cas où elle sorte en criant à l'agression. On ne sait jamais.

Il m'a même confié qu'un de ses clients n'entame jamais un rapport avant d'avoir fait signer un papier à sa partenaire sur lequel est écrit :

« Je suis consentante. C'est de mon plein gré que j'accepte cette relation sexuelle. »

Récemment, j'ai même eu un exemple encore plus parlant de cette nouvelle traque aux harceleurs présumés. Je répondais à une jeune femme pour une interview. Je suis chaleureux de nature, et quand j'ai l'occasion d'exprimer une gentillesse je ne m'en prive pas. Je l'ai d'abord complimentée sur sa robe qui était très élégante. Comme cette jeune femme était assez corpulente, je me suis dit qu'il ne fallait pas en rester là. Même si je ne le pensais pas vraiment, je l'ai félicitée aussi pour son physique, pour éviter de passer pour un goujat. Pour moi, une galanterie.

J'ai donc dit :

— La robe est belle, et ce qu'il y a dedans aussi. Vous êtes très jolie.

— Merci.

Une heure plus tard, son rédacteur en chef m'a appelé et j'en suis tombé des nues :

— L'interview ne sera pas publiée. Vous avez tenu à ma journaliste des propos sexistes.

— Pardon ?

— Oui. Et d'ailleurs, elle s'en est plainte au syndicat.

On en est là, hélas !

Si loin de nos séductions mutuelles d'alors, sans l'ombre d'un outrage. De nos dragues ordinaires dont chacun était ravi. Parce qu'autant les filles que les garçons venaient pour ça. Et que chacun en acceptait la règle du jeu. On tentait notre chance. En cas de premier refus, on insistait, mais jamais au-delà de la limite convenable. Elles repoussaient un peu au début pour la forme, et puis elles cédaient, ou pas. Sans à aucun moment prendre la tentative pour une agression sexiste.

Alors oui ! Je les *« nostalgise »* vraiment, les petits bals de campagne de ma jeunesse insouciante.

Comme on se tuait au travail, il fallait bien renaître chaque jour. Et un peu plus le samedi. On n'enfermait pas nos week-ends comme beaucoup le font aujourd'hui dans l'écran d'une tablette. Ou sur un canapé, Ears sur les oreilles pour se saouler de musique virtuelle sur YouTube. Nos musiciens jouaient en vrai. Parfois faux aussi, je le reconnais, en cas de notes hasardeuses. Et pas seulement au son du paso doble, de la valse ou du tango pour les anciens. Il y avait aussi la variété de haute qualité. La preuve, un de nos orchestres favoris s'appelait Les Goldfingers. Ils deviendront des années plus tard le groupe Gold.

Au passage, l'occasion de te raconter une anecdote fondatrice de ma future carrière. Une renaissance hasardeuse, mais capitale.

20 h 30. Juillet 1973. Brive.

L'interrogatoire dure depuis deux heures. Je fais le flic d'occasion. Je la presse de questions. Elle continue à nier. J'y suis en plein, dans cet amour stupide avec un petit « a » dont je t'ai longuement parlé dans un autre chapitre. En pleine possessivité. « Elle », c'est « ma » copine du moment, « mon » amoureuse. C'est pour elle que je m'étais séparé de ma première épouse. Je l'avais connue dans un de ces bals de campagne. Et puis, quelques mois plus tard, pendant que j'étais parti jouer au rugby en Afrique du Sud, elle avait continué à aller danser le samedi sans moi.

— En tout bien tout honneur, sans un écart, me jure-t-elle pour la vingtième fois.

Je ne la crois pas. Sa sœur, un peu jalouse d'elle, m'a affirmé le contraire. Alors j'insiste. Je veux des aveux. À bout de questions, elle finit par craquer.

— Oui. Je t'ai trompé.

— Avec qui ?

— Un musicien des Goldfingers.

Alors, des cris, des insultes. Pas de violence physique, mais une énorme colère. Comme beaucoup dans cette situation de trahison, je deviens con et primaire. Quand je te dis que cet amour possessif avec un petit « a » n'est qu'un réceptacle à bêtise et à frustration ! Surtout que là, moi le costaud, le rugbyman, je me suis fait doubler par un maigrichon de douze kilos et demi !

— Ah, non ! Ça va pas se passer comme ça !

Et évidemment, je jure sur tous les dieux que si jamais je le croise je vais lui exploser la tête. Je le croiserai des années plus tard, le voleur d'amourette. Je ne lui exploserai pas la tête. Le temps aura tout effacé. La prescription transformera même ma rancune du moment en une solide amitié. Pour deux raisons. D'abord parce qu'« elle » et moi sommes alors séparés depuis bien longtemps. Et ensuite parce que, quelque part, je suis redevable à ce musicien de toute ma carrière.

Eh oui ! Le lancement réel de mon trajet artistique part de ce moment-là. De ce soir de juillet 1973 où j'ai lancé à ma « traîtresse », au bout de ma rage :

— S'il suffit de monter sur une scène pour se taper les nanas des autres, tu vois le radio-crochet qu'il y a sur la place de la Guierle ce soir ? Eh bien ! Je vais aller le faire !

Et j'y suis allé.

Je n'avais rien prémédité. Le destin l'avait écrit comme ça. Peut-être aurais-je tenté ma chance d'une autre manière. Mais les faits sont là. Je suis monté exhiber mes imitations de débutant sur ma première scène par défi. Pour une femme qui m'avait trahi. À cause d'un musicien tombeur de groupies. Ce qui fera d'ailleurs que, par la suite, je serais toujours vigilant. Au cours de mes escapades de « vedette », je demanderai toujours à une conquête potentielle si elle est en couple. Histoire de ne pas en blesser un comme moi. Il y a tellement de fleurs sauvages superbes. Ce n'est pas la peine d'aller en voler une dans le vase d'un autre.

Voilà ! Une infidélité ordinaire qui a créé à longue distance la fidélité extraordinaire de millions de personnes devant leur télé. La mort d'un amour simple qui a donné naissance à un amour multiple. Avec, en prime, le message d'espoir que je te transmets depuis toujours. La certitude de Maman sur tout deuil, toute rupture, toute déception, que je t'ai déjà exposée, mais qu'il est essentiel de se répéter inlassablement :

« Ce n'est pas la fin de quelque chose, c'est toujours le début d'autre chose. »

La parenthèse fermée, je te ramène au bal de campagne. Histoire de renaître un peu plus, en cette nuit de 2022 devant mon ordinateur. D'oublier le cancer, l'Ukraine, la solitude, mon âge. D'imaginer qu'il est dans le pré de la propriété, le parquet rose et vert. Que, d'où je suis, j'entends la musique qui s'en échappe. Que j'ai 68 ans moins 50. La mathématique du bonheur. Pour un petit peu d'insouciance en plus. De léger. Avec quand même quelques touches de brutal. Ben oui ! La baston presque obligatoire de ces soirées-là. Je ne peux pas les passer sous silence, ces bagarres, puisqu'on pouvait rarement y échapper. Une tradition de violence ordinaire.

— La violence, du bonheur ?

— Pas vraiment. Mais c'est juste pour la comparaison. L'étalonnage à la violence d'aujourd'hui.

Chez les bons rugbymen que nous étions, la moindre étincelle d'animosité allumait les phalanges et les fronts. Des coups de poing, des coups de boule. À la régulière. Des combats de coqs pour une poulette ou un regard de travers. Mais sans arme blanche. Sans instrument létal. Du bourre-pif de campagne. Tellement loin de la sauvagerie de nos trottoirs d'aujourd'hui. Pour le même genre d'altercation, le rugbyman Federico Martín Aramburú vient, il y a quelques jours, de se faire exécuter froidement de six balles.

Ça n'excuse en rien notre bêtise guerrière de l'époque. Mais nos corps à corps ne produisaient que des hématomes et, au pire, quelques points de suture. Tout est relatif. Sur l'échelle de mes souvenirs, j'évoque mes arcades ouvertes comme des cicatrices de moindre degré. Quand je vois les flics attaqués au mortier, le risque du coup de surin à la moindre altercation d'automobilistes, alors oui ! Je maintiens que nos escarmouches étaient presque inoffensives. D'ailleurs, il n'était pas rare qu'à la suite d'une échauffourée on se réconcilie quelques minutes plus tard devant une bonne bière.

Le bon temps, quoi !

Incompréhensible pour certains. Ce qui m'a valu il y a quelques années un gros clash un soir de télévision chez Ruquier avec Yann Moix. Je différenciais les violences. Je persiste et je signe. Il y a un monde entre ces combats réguliers qui émaillaient nos soirs de fête et les kalachnikovs des terroristes qui dézinguent des innocents aux terrasses des cafés.

J'argumentais :

— On ne peut pas mettre dans le même sac quelques coups de poing sur un terrain de rugby et des petites vieilles qu'on torture pour leur faire dire où est planqué le magot.

Moix ne faisait pas de distinguo. Pour lui, toute violence était à bannir, quelles qu'en soient la force ou la cause. Et en priorité la tarte d'éducation que refilaient les parents aux gosses de mon époque. Pour moi, un châtiment sans grande conséquence, que je ne cautionnais pas, mais qui appartenait aux usages de ce temps-là. Une punition physique que d'ailleurs je n'ai jamais reproduite sur mes enfants. Ma position était claire. Cette violence n'était pas un acharnement sordide sur un gosse innocent, comme il y en a trop, hélas ! Je l'avais subie et je l'avais pardonnée. Parce qu'elle était, d'une part, légère et, d'autre part, censée être utile à mon éducation. Ce qui d'ailleurs a été le cas.

Mais ce soir-là, Moix était inflexible. Et surtout d'une agressivité aveugle. Pas la peine d'argumenter. Pour lui, je n'étais qu'un gros lourd sans discernement. Un avocat de la violence ordinaire. Un abruti bestial, quoi ! Et bien au-delà, il me faisait passer pour le chantre des pires brutalités faites aux enfants. Un monstre. Et en élargissant son accusation infondée, il m'avait assimilé aux plus ignobles bourreaux de gosses martyrs.

Il a fini par lancer :

— Vous êtes un salaud !

Il m'a fallu tout le sang-froid du monde pour ne pas me lever et lui en coller une, histoire de lui expliquer ce qu'est la vraie violence. D'ailleurs beaucoup de téléspectateurs m'ont confié par la suite qu'à ma place ils n'auraient pas hésité à le faire. Tant l'insulte était injustifiée et outrancière. Je leur avais répondu que ce n'était que de la télé. Et que même si la blessure ce soir-là avait été violente, je préférais m'en tenir au pardon. En espérant qu'un jour ce garçon comprendrait que je n'étais pas du tout le monstre pour lequel il voulait me faire passer.

La suite est allée au-delà de cette espérance.

Il y a quelques mois, dans les couloirs de l'émission d'Hanouna, j'ai croisé Yann que je n'avais pas revu depuis l'altercation qui avait fait grand bruit. Il est venu vers moi souriant, m'a tendu la main et m'a dit :

— Je veux m'excuser. Ce soir-là, j'ai dit des conneries. J'ai eu tort. J'espère que tu me pardonnes ?

— Bien sûr.

La leçon pour mieux renaître chaque jour ?

Ne jamais se venger, cultiver la patience
Même en cas de traîtrise garder son élégance
Attendre sans rancœur le retour du bâton
Qui souvent a le goût savoureux d'un bonbon.

Résumé de l'arrêt 1973 sur la tablette de ma mémoire :

Une jeunesse légère, des filles aimables, l'alcool, la fumée, la liberté, la farce érigée en art de vivre. Si ta nature est tolérante, tu dois te dire :

— Pourquoi pas, après tout ?

Avec un gros bémol tout de même.

Pour toi, certainement, un niveau intellectuel se contentant du strict minimum. Tu nous imagines sans doute ne disserter que sur le principe de fonte du glaçon dans le pastis ou sur la sémantique d'un discours d'avant match dans un vestiaire de rugby. Tu es bien loin de la réalité. Je dirais même plus, notre niveau culturel était certainement bien plus élevé que la moyenne actuelle.

Notre orthographe n'avait pas encore subi les ravages du SMS. D'ailleurs, hasard du calendrier, c'est en 1973 que le portable a été inventé par un Américain, Martin Cooper. Le début d'un progrès formidable mais aussi d'une déchéance culturelle certaine. L'entrée fracassante dans une ère numérique réductrice. La culture flash d'aujourd'hui vagabonde de blogs en blogs au gré d'auteurs incertains à mille lieues de nos philosophes les plus brillants. Sans compter la vulgarisation qui réduit au minimum nos appréhensions du profond.

— C'est qui pour toi, le Zadig de Voltaire ?

— Une marque de fringues, répond l'influenceuse en direct de Dubai, entre deux conseils pour la repousse des ongles.

— Non, c'est un personnage de roman.

— Roman ? C'est quoi son hashtag ?

Nos influenceurs à nous s'appelaient Nietzsche, Platon, Mao, Guevara, Céline, Dylan, Rousseau. (Précision pour l'influenceuse : pas le douanier de la Compagnie créole, le philosophe.) Une palette large de lanceurs d'idées qui alimentaient sans relâche nos conversations post-soixante-huitardes animées. Quoi qu'on pense de nos élans primaires, les libertaires que nous étions étaient riches d'autre chose que de simples fantaisies de décérébrés. Nos façades superficielles n'étaient que des devantures. Dans l'arrière-boutique, il y avait bien plus de débats existentiels que de palabres stériles.

On voulait d'abord comprendre le pourquoi, le comment de nos existences. On a passé des nuits entières à tout peser. On n'a pas répondu à toutes les questions, mais à partir des réponses qu'on avait, on a construit le reste. Sur le conseil de Plutarque que je t'ai cité plus haut, on a décidé en toute conscience de vivre plus que d'exister. Donc, de privilégier le futile. Et surtout de ne pas vivre en cage. Comme ceux d'aujourd'hui. Confinés par la télé, l'ordinateur, Netflix et la peur du dehors, bien avant le confinement officiel pour cause de Covid.

Allez ! Une de mes répliques préférées, extraite de ma pièce, *Louis XVI.fr* :

« La liberté exige de nous deux devoirs essentiels. Si vous l'avez, c'est protégez-la. Si vous ne l'avez pas, c'est demandez-la. C'est demandez-la ? Oui, c'est de Mandela ! »

Le symbole le plus affligeant de cet enfermement volontaire date de 2001. Le lancement de *Loft Story*. Le vainqueur était celui qui ne sortirait pas. À l'envers de nos volontés d'évasion à la fois physiques et intellectuelles de l'époque. Et la suite de la télé-réalité a attaqué les neurones de toute une génération. C'est aussi dans ça que ma nostalgie puise toute sa raison d'être.

J'affirme que la France profonde de mes années bonheur en 1973 était bien plus évoluée que celle d'aujourd'hui. Il n'est que de regarder, à la télé, le niveau des questions et des réponses des candidats aux jeux d'argent. Quand, par exemple, pour gagner 15 000 euros, on demande si Zola s'appelait Kevin ou Émile. Si, si, je l'ai vu !

« Que nous soyons devenus plus cons n'est pas étonnant, à force d'être traités comme tels. »

Nos enfants ont accès, via le Net, à plus de connaissances, mais à bien moins de réflexion. La tactique du jeu vidéo a pris le pas sur la vraie culture. *Fornite for ever !* Cela fabrique des experts redoutables en numérique et des dilettantes en art de vivre. Alors, oui ! J'insiste. J'ajoute à ma nostalgie d'une liberté d'exister selon ses envies celle d'avoir nourri nos cerveaux d'une matière première philosophique d'une autre tenue que celle d'aujourd'hui. Sans compter qu'un face-à-face les yeux dans les yeux sur Skype ne vaudra jamais un échange les mots dans les mots en vrai.

On dissertait donc pour le plaisir de la contradiction et ça volait haut. Avec des références culturelles à en faire blêmir le responsable le plus féru de la Bibliothèque nationale. Mais nous n'en faisions pas une suffisance méprisante comme celle que nous imposent à présent les élites. Tu sais, ces penseurs officiels qui au nom de la hauteur de leur savoir rangent le petit peuple à la cave. Pour moi, des faux importants et des vrais cons.

« Le premier pilier de la bêtise est de juger avec dédain l'intelligence des autres. »

Mon allégorie préférée était déjà celle de la caverne de Platon. Se faire une fausse idée de la réalité à partir d'ombres projetées. Dieu, qu'on en a passé, des nuits à décliner, à partir de ce concept, les injustices de tous les pouvoirs autocratiques du monde ! Même si, au matin, on finissait avec un croissant trempé dans le cognac. Et *« La Digue du cul »* entonnée en canon en guise d'ultime prière avant d'aller nous coucher. Parce que notre amour de la philosophie ne s'est jamais départi de la futilité. C'était Kant et Aristophane dans des habits de carnaval.

C'est pour cela que je terminerai ce voyage dans le temps par une dernière saillie égrillarde. Au nom de la sentence inoubliable du prof de philo qui m'a aidé à obtenir le bac en candidat libre :

« Il ne faut pas vivre pour penser, mais penser à vivre ! »

5 h 15. Août 1973. Dans la campagne limousine.

Un bord d'étang, une nuit de pique-nique prolongé. Des guitares et des chants fatigués. Et après Brassens et Joan Baez résonne pour la huitième fois de la soirée le « San Francisco » de Le Forestier. Des rires encore. Du méchoui, il ne reste que les os. Des boissons, des verres vides. Toute la bande est là. Les amis joyeux sont éparpillés en endormis ou en amoureux enlacés.

Les premières lueurs de l'aube commencent à poindre. Par-dessus l'étang, certains voient passer bien d'autres animaux que les oies sauvages de la chanson de Delpech. Des éléphants bleus, des tigres roses, des girafes sans cou. La fumette obligatoire. Ce n'était pas mon truc. Chacun son envol. Moi, c'était plutôt le bon vin. Mais bon ! Bordelais ou libanais, qu'importe le papier à rouler ou l'étiquette pourvu qu'on ait l'ivresse !

Il va bientôt falloir rentrer. Mon bon Olive fait déjà partie du groupe. Il est parti essayer de retrouver Magali. Une copine qui s'est engouffrée dans les buissons voisins avec une bouteille de rhum à la main. Soi-disant pour aller noyer seule un chagrin d'amour.

Les voilà qui apparaissent enfin main dans la main. Je vais avoir droit à une comédie XXL jouée par les deux, dont seul mon Olive avait le secret.

Je demande :

— Ça va ?

— Oui, répond Olive. Tu devineras jamais où je l'ai retrouvée ?

Magali baisse la tête, honteuse. Et c'est elle qui répond :

— J'étais couchée sous une vache dans le pré d'à côté.

Et Olive précise :

— Elle buvait le lait directement au pis de la pauvre bête. Alors, je l'ai secouée. Je lui ai dit qu'on n'attendait qu'elle pour rentrer. Et tu sais ce qu'elle m'a répondu ?

— Non ?

— Sur les quatre, y en a bien un qui va me ramener !

Cette extravagance mentie est passée avec le temps dans le domaine public des blagues. Certains me la racontent en croyant me l'apprendre. Je ne peux pas m'empêcher de leur préciser que le créateur s'appelait Olivier Guillot. Mon ami éternel. Mon frère et demi, mort dans un accident en 1993. Une larme de plus à ma nostalgie de l'année de mes 19 ans. Une larme au milieu de mille autres. Celles versées sur la mémoire de chacun de mes complices de ces années bonheur, dont le départ anticipé depuis a marqué au fer rouge ma tristesse infinie.

Putain, que vous me manquez !

Putain, que tout me manque !

À tous mes disparus, à mes soleils d'avant
Mes cavaliers partis sur des chevaux tout blancs
La fantasia là-haut fait danser vos lumières
Plus le ciel nous éloigne et plus mon cœur se serre.

Mon doigt glisse sur la tablette de ma mémoire jusqu'à l'année 1983. Celle du grand tourbillon. Le succès, les tournées, les aventures, les bagarres, l'alcool. Certainement le plus grand quota de ma vie de renaissances journalières. Ivre mort au coucher. Et chaque matin, encore plus vivant au réveil. Funambule. En équilibre permanent entre le plaisir des excès et la douleur de leurs conséquences. Mais, avant de m'y arrêter, un détour par aujourd'hui. Histoire d'étalonner mes cicatrices physiques du jour à celles quotidiennes de mon âme il y a presque quarante ans.

J'ai quitté mon antre quelques jours pour rejoindre Paris. Entre deux représentations théâtrales, il va falloir faire des scanners pour vérifier la bonne marche de la convalescence. On est le 31 mars. Maman aurait eu 87 ans aujourd'hui. Alors, forcément, un cran supplémentaire à ce que j'ai appelé en tête de chapitre ma *« nostalvie »*. Pourquoi ce néologisme ? Parce que ce doux parfum de ma mémoire n'a exhalé sa fragrance que jusqu'au 15 juillet 1990, le jour de la mort de mon fils. Avant, je vivais. Depuis, je survis.

Bienvenue dans le Paris-poubelle 2022 !

La capitale d'aujourd'hui est à l'image de mon ventre : en travaux. En convalescence permanente depuis que la mémère de Paris en charcute chaque jour les entrailles. Son idéologie socialo-écolo-bobo n'a pas fait que des trous dans le sol et imposé des barrières partout. Elle a défiguré des quartiers autant qu'elle en a abandonné d'autres. Je lui en veux, à sœur Anne qui n'a rien vu venir. Ni la tristesse ni le ressentiment. Ni l'insécurité, bien sûr. Les mamans des petites Parisiennes d'aujourd'hui leur racontent leurs balades de nuit en parfaite insouciance. Elles qui ont du mal à sortir dans certaines zones sans la peur au ventre. Agressées ou insultées par des junkies en manque. Ou par des religieux outrés de leurs jupes trop courtes et leurs cheveux au vent.

Heureusement, les brigades municipales de l'ordre veillent. Avec, quand même, des priorités. Chasse impitoyable à la voiture mal garée, mais indulgence et parking libre pour les tentes des dealers de crack. Tolérance prudente pour la violence ordinaire, mais pas de pitié pour les balanceurs de papiers gras ou de mégots de cigarettes sur la voie publique. Amnistie pour les loueurs de cages à poules, mais sus aux terrasses chauffées illégales ! Non, mais ! Faudrait voir à arrêter de polluer l'espace de vie. Enfin, tant qu'au coin d'une rue sombre on ne se la fait pas voler, cette vie.

Et puis, obsédée par la haine des bagnoles, notre dame de Paris a imposé des vélos et des trottinettes qui ne respectent rien. Des frelons en liberté. Grilleurs de feux, ils peuvent chevaucher les trottoirs en toute impunité. Remonter les sens interdits la nuit sans lumière. Un passant fauché, c'est quand même moins important qu'une émanation de CO_2. D'ailleurs, elle compte bien défendre son action au niveau international, maman. Quitte à se déplacer dans toutes les autres capitales pour exposer ses convictions… En avion, bien sûr.

Qu'est-ce qu'on ne ferait pas pour sauver la planète !

L'ordre moral et écologique ajouté à la peur et à l'insalubrité civile a peu à peu éteint le goût de la fête. À Paris, les bouchons se multiplient le jour et sautent de moins en moins le soir. Les journées sont trop embouteillées et les nuits trop fluides. Alors, je vais déambuler ce soir entre ma maison et mon bureau dans un Paris morne. Un Paris aux lumières pâles. Si loin du Paris étincelant de mes 30 ans. Vif, animé, plus sûr, plus libre. Un Paris perdu qui réveille mes envies de *« luisant »*. Par bonheur, je l'ai laissé dans mon antre de Martel.

Même en ne voyant que le mauvais côté des choses, je pense te peindre du Paris d'aujourd'hui un tableau assez réaliste. Ou alors c'est moi qui suis devenu un vieux con définitif. Un ringard qui enjolive. Qui met des paillettes où il n'y avait déjà que de la poussière. Qui idéalise le passé à outrance.

Pour quelques cavalcades héroïques de l'Élysée Matignon à chez Denise et de chez Michou aux Bains Douches.

Pour des brasseries enfumées à la Claude Sautet, sans être obligé d'aller se les geler dehors pour une Marlboro en clandestin sur le trottoir.

Pour des quais de Seine rapides. Sans la rage de voir remonter deux Vélib' à l'envers d'une file de cent voitures immobilisées.

Pour des trottoirs bariolés où déambulaient des chemises et des robes de couleur. On différenciait clairement hommes et femmes. Aujourd'hui, le jeans unisexe a tout cloné gris.

Pour un bois de Boulogne festif et coloré, traversé par des cars de Japonais en visite touristique qui photographiaient du tapin sud-américain entre deux baraques à frites. Artistiquement cosmopolite.

C'est du bois de Boulogne, justement, qu'est venue la phrase qui a signé une de mes renaissances essentielles. En plein tourbillon. En pleine orgie d'excès de toutes sortes. Quand j'écrivais encore PARIS en lettres capitales. Capitale de la liberté et du plaisir sauvage. Quand je ne calculais pas mes sueurs entre les spectacles, les décadences, les discothèques, les alcools forts et les prises de risques inconsidérées.

5 heures. Pavillon d'Armenonville. Été 1983.

Je suis rentré de Nouméa la veille. J'étais parti pour ne jamais revenir. À bout de tout. Trop de spectacles, trop d'alcool, trop de dérives, trop de bagarres dans mon couple, conséquences logiques de mes absences. Ras le bol, plein le dos, plein les couilles. Un burnes-out, quoi ! Alors l'envie de changer de vie. Loin. Mais c'était oublier que prendre des distances géographiques éloigne de tout sauf de soi-même. Mes démons m'ont suivi là-bas. Sur ces terres de vaudou, ils ont même trouvé un terrain encore plus favorable. D'ailleurs je ne suis pas loin de penser que j'ai été réellement envoûté.

Ma tête est prise dans un étau permanent. J'ai fait un gros malaise dans l'avion du retour. Heureusement qu'un toubib m'a pris en main. Plus que l'influence de puissances occultes, son diagnostic a mis en cause une réalité bien plus terre à terre :

— À mon avis, ça vient plutôt de l'excès de boisson et du manque de sommeil.

Sûrement. Mais bon ! La sorcellerie me donne la bonne excuse pour ne pas, pour l'instant, mettre un frein à ma descente aux enfers. Car il s'agit bien de ça. L'illusion des paradis artificiels dont les vents mauvais m'ont expédié dans la direction contraire. Cette nuit, la tempête m'a fait atterrir au pavillon d'Armenonville, dans le bois de Boulogne, pour un énième mariage de Barclay.

Alors, de rasades en rasades, en fin de fête ça a dégénéré. Ma lucidité désinhibée n'a pas pu s'empêcher de rentrer dans le chou de quelques pique-assiettes mondains. Insultes, provocations et, à la fin, lâcher de tarte dans la gueule. Et pour couronner le tout, j'ai été suffisamment inconscient pour défier le vigile de 2 mètres et 130 kilos.

— Allez viens, toi ! Tu crois que tu me fais peur ?

Mon bon gros Carlos m'a sauvé la mise en me forçant manu militari à partir. Alors, en titubant, j'ai traversé la rue et je me suis enfoncé dans le bois de Boulogne voisin. Au hasard. La première gagneuse que j'ai croisée m'a reconnu. Elle m'a lancé :

— Oh, Patrick Sébastien ! Ça me fait plaisir, je t'adore. Mais là, j'étais sur le point de rentrer.

— Alors emmène-moi avec toi.

— J'habite à 20 bornes de Paris.

— C'est pas grave. J'ai tout mon temps.

J'avais juste oublié que cinq heures plus tard j'avais rendez-vous avec Claude Zidi et Claude Berry pour un sérieux projet de film. Je n'irai pas. Peut-être que ma carrière cinématographique s'est perdue cette nuit-là entre les bouteilles de whisky et les hêtres d'une forêt lubrique. Rétrospectivement, je n'ai pas de regrets. Puisque, encore une fois, je suis persuadé que tout est écrit. Et ce petit matin-là, il était écrit que je devais suivre Esmeralda chez elle. Ce qu'il m'en est resté a été bien plus important pour mon équilibre futur qu'une opportunité d'étaler ma gueule sur un grand écran.

Il ne faut pas se tromper de film.

Pendant tout le voyage, j'ai parlé avec Esmeralda. Enfin, Aïcha. Quand on passe sa vie à soulager des Quasimodo, il faut bien se trouver un nom d'emprunt raccord. Je lui ai dégueulé mon désespoir, mon envie de tout lâcher et surtout le dégoût de moi-même. On n'a rien fait d'autre. En petite sœur des âmes, elle a essayé de me consoler. La plus belle phrase qu'elle m'a dite, je mettrai encore deux ans avant de la mettre en pratique. Deux années d'enfer à 43 degrés, avant de comprendre que, pour renaître, je devais poser mon verre.

Je l'ai posé définitivement le 14 novembre 1985.

Au moment où je partais de chez elle, Esmeralda m'a glissé tendrement :

— Les excès, c'est bien. Mais il faut toujours les arrêter quand les emmerdements dépassent le plaisir.

Ça a été, depuis, la phrase clé de la majorité de mes renaissances.

Je te l'offre.

J'espère que tu en feras bon usage.

Peut-être que mon pote Renaud aurait dû croiser Esmeralda. Je me souviens de nos partages et de quelques soirées de folie dans les années 1980. Je l'ai revu récemment dans un restaurant. Avachi, fantomatique, je lui ai fait un signe de loin auquel il n'a pas répondu. Je me suis approché à 50 centimètres de lui.

Le regard éteint, la voix morte, il m'a balbutié :

— T'es qui, toi ?

Elle est surtout là, ma « *nostalvie* » des années 1980. Dans tous ceux qui ne sont plus pareils ou qui ne sont plus du tout. Mon ossuaire pailleté. Toutes ces étoiles qui peu à peu ont pâli ou se sont éteintes.

Comme les néons des discothèques.

Comme les musiques gaies des chanteurs flashy à danseuses sensuelles.

Comme les chapiteaux à guirlandes de nos galas en province.

Comme mes *Grosses Têtes* d'avant où j'allais faire mon lilliputien de l'esprit entre les géants Yanne, Martin et Kersauson.

Comme les sourires des gens de la rue.

Aujourd'hui, ils déambulent, graves, chacun dans leur bulle, penchés sur leur smartphone.

Les sunlights des regards aimables ont quitté la scène.

Rideau !

Rallumer les sourires, rallumer le bonheur
Ressusciter les morts, ne pas compter les heures

Être libres, être beaux, ne se soucier de rien
Et faire danser nos nuits jusqu'au petit matin.

Alors que faire ? Se résigner ? Larmoyer ? Feuilleter, tout triste, l'album photo. Ressortir du grenier mon magnétophone à cassettes pour écouter en boucle Dalida, Mike Brant, et Creedence Clearwater Revival ? Me nourrir exclusivement de tartines à la fraise en souvenir des confitures de mamy cheveux blancs ? Traîner à la maison en Clarks et pantalon pattes d'eph ? Vider mon frigo du Coca Light pour le garnir de Tang à l'orange acheté sur Le Bon Coin à un collectionneur ? Afficher sur le fond d'écran de mon ordinateur la photo mythique des idoles réunies de *Salut les copains* ?

Comme un général à la retraite qui compte ses médailles, répertorier mes rides devant un miroir fêlé pour me faire croire que c'est lui qui en a ? Geindre mes tablettes de chocolat empâtées et mes cheveux de mousquetaire qui se raréfient sur le dessus ? Me masturber les yeux fermés en me projetant mes mannequins, et mes danseuses du Crazy Horse ? Et pourquoi pas, tant qu'on y est, réserver chez Orpea et précommander un déambulateur et un monte-escalier Stannah au cas où ?

Ah, non ! Certainement pas.

Rien de ce qui s'en va ne pourra revenir
Ne penser qu'à hier nous prive d'avenir
À ne respirer que les parfums du passé
On ne voit pas plus loin que le bout de son nez.

Renaître chaque jour, c'est balayer les poussières d'étoiles sous le tapis. Ne pas oublier, mais regarder devant. C'est continuer la croisière en visant les îles sans se retourner en permanence sur le quai de départ. À contre-mémoire, être curieux sans idées préconçues. Forcer sa nature profonde pour développer ce qui est le vrai fondement de l'intelligence : *la faculté d'adaptation*. Et donc, voir dans chaque nouveauté ce qui est bien, plutôt que de pleurnicher sur ce qui l'était.

Artistiquement, d'abord. Le « *Formidable* » de Stromae est vraiment formidable. Son « *Papaoutai* » vaut bien un bon Brel ou un bon Ferré. Les mots de Bigflo et Oli n'ont rien à envier à du Gainsbourg ou du Lavilliers grand cru. Il y a du Brassens, du Ferrat dans le slam de Grand Corps malade. Le feu d'un Soprano en concert au Stade Vélodrome brûle aussi chaud que les flammes de Johnny au Stade de France. Pour une fois que le PSG et l'OM sont à égalité d'enthousiasme sans l'invitation à aller se faire sodomiser, on ne va pas s'en priver !

Côté salles obscures, même si *Le Gendarme de Saint-Tropez* fait encore un carton à la télé à chaque rediffusion, le cinéma de La Bande à Fifi me régale autant que celui de La Bande à Fufu. Je me délecte encore, les nuits de nostalgie aiguë, du *Clan des Siciliens*. Ça n'empêche pas que *Bac Nord* m'a percuté plein fouet.

Quant aux humoristes de scène, il faudrait arrêter de rabâcher :

— Coluche ne pourrait plus rien dire !

Blanche Gardin, Jérémy Ferrari, Gaspard Proust en disent bien plus. Ils décapent en sourdine, certes, loin des télés de *prime time* prudentes, mais c'est grave puissant, comme on dit aujourd'hui. Et puis, d'accord, les réseaux sociaux sont souvent les capharnaüms du n'importe quoi. Mais c'est aussi la fenêtre ouverte pour un tas de gamins imaginatifs et géniaux qui, avant, n'avaient pour tenter d'exister qu'un petit écran quasiment inaccessible.

Dans le domaine affectif et charnel, le tableau n'est pas que de l'art contemporain hermétique. Avoir des amis sur Facebook, c'est quand même mieux que de ne pas avoir d'amis du tout. Les sites de rencontres ont l'avantage de donner leur chance aux timides. Quant à FaceTime, quelle chance de pouvoir contempler le désir, quand, avant, on devait se contenter de l'entendre et de l'imaginer. Et pour terminer, je ne suis pas une femme, mais à ce qu'elles m'en ont confié, avoir un sex toy qui vibre, c'est largement mieux que d'avoir un mari qui ronfle !

Dans le domaine pratique, au quotidien, c'est vrai que j'ai quelques réserves sur certaines avancées techniques censées améliorer notre vie. Entre autres, les contraintes de l'hypersécurité m'agacent. Il y a de plus en plus de codes de déverrouillage pour tout. Argent, téléphone, maison. À quand les quatre chiffres à taper sur le front d'un ami pour qu'il vous ouvre les bras ?

Je passe beaucoup de temps en voiture. Presque 100 000 bornes par an. Entre la radio, le Coyote, le GPS et le téléphone mains libres, la cacophonie me fatigue plus parfois que les kilomètres avalés.

Les dispositifs de certaines salles de bains m'évoquent plus un tableau de bord d'Airbus qu'un aménagement sanitaire. Combien de fois les ai-je maudits, en bénissant le bon temps des robinets rouges et bleus ? Mais bon, c'est juste une petite frustration hygiénique.

Pour résumer, ces petits inconvénients entre mille m'irritent, certes. Mais ils ne remettent pas en cause l'ensemble de ma satisfaction du progrès en toute chose.

Maman m'interpelle :

— Pourtant, à en croire ta nostalgie chronique, on pourrait penser que rien de ce qui est moderne n'a de grâce à tes yeux.

— Absolument pas ! Par exemple, moi qui ai une affection particulière pour les meubles anciens, le canapé électrique amovible convient parfaitement à ma détente. Et je ne l'échangerais à aucun prix contre un fauteuil club.

— Toi qui en bois plus de dix tasses par jour, tu ne regrettes pas l'odeur de café frais dans la bonne vieille cafetière ?

— Ah, non ! Au contraire. *What else !* Merci George !

— Et tes balades à bicyclette. Ne me dis pas que tu préfères le vélo d'appartement ?

— On a moins de chances de se faire renverser par un connard de chauffard.

— Allez, sois sincère ! Tu crois que ce ne serait pas mieux pour l'avenir de ta fille de vivre sans Instagram et les jeux vidéo ? La vraie vie, c'est pas du virtuel.

— Chacun ses marelles. Est-ce que c'était moins virtuel de sauter inlassablement à cloche-pied pour rejoindre un paradis qui n'existe pas ?

Ma *« nostalvie »* se nourrit essentiellement du temps qui est passé trop vite. Une lapalissade. C'est vrai que j'aime bien me balader dans le musée imaginaire de ma mémoire. Là où sont exposés mes absents, mes fous rires, mon dynamisme physique, les extravagances que la nouvelle époque m'interdit. Mais bon, c'est comme ça ! C'est le paradoxe même de la nostalgie.

Une incohérence mathématique :

« En matière de souvenirs, ce qui manque, c'est ce qui s'ajoute. »

En fait, ce qui me manque surtout, c'est le bonheur de la découverte. L'idéal serait d'inventer une *« machine Alzheimer »* qui effacerait mes mauvais souvenirs, pour ne garder que le plaisir de jouir, vierge de tout, des mille émotions qui m'ont fait vibrer. Qu'est-ce que je ne donnerais pas pour voir pour la première fois la tour Eiffel, la statue de la Liberté, les montagnes du cap de Bonne-Espérance, le Kilimandjaro, un film de Chaplin ? Pour la première fois, faire l'amour, manger dans un restaurant gastronomique, marquer un essai, écouter Freddie Mercury, monter sur une scène, boire du Château Yquem.

Cependant, je vais te faire un aveu qui va sans doute te surprendre. Cette « *nostalvie* »-là ne me hante finalement pas plus que ça. Parce que je sais que ces manques sont irrémédiables. En revanche, ce qui me chagrine vraiment, c'est la perte d'une valeur essentielle liée à ce passé : « *la liberté* ». Parce que, avec la solidarité des hommes de bonne volonté, on pourrait en retrouver une grande part.

Nous ne pouvons pas arrêter le temps qui s'enfuit. Mais nous pouvons stopper la dictature de nos enfermements. Notre peur de tout, nos fausses indignations, nos obligations morales. L'autoroute à péage est monotone et chère. Les chemins buissonniers sont gratuits et gais. Et même en restant chez soi, si on n'a pas le goût de l'aventure, on peut ouvrir les portes et les fenêtres pour faire entrer un air neuf. Si on veut vivre plus que survivre, il faut casser des lois, des précautions. Tous ces interdits qui réduisent de plus en plus nos vies à des esclavages de confort.

Il est urgent de décadenasser nos actes et nos consciences.

Pour renaître chaque jour.

Pourquoi pas demain ?

Voilà ! Avant d'attaquer le dernier chapitre, pour consolider ma renaissance après les orages, je vais laisser passer quelques semaines. Mais quoi qu'il advienne, je ne changerai rien à ce que j'ai déjà écrit. Même si mes vérités d'aujourd'hui n'auront plus lieu d'être.

Cette volonté de retarder la fin de mon écriture découle d'un conseil de Maman. Une précaution à laquelle je t'invite fortement chaque fois que tu auras soif de renaître :

– Mon petit, il y a une notion indispensable dans la prise de toute décision importante et dans toute guérison : *« le recul »*.

À TOUS CEUX D'APRÈS

Avec le recul.

J'ai relu ce que j'ai écrit jusque-là. Comme prévu, je n'y changerai pas une virgule. Même en étant conscient des retombées potentielles. Je sais que les échotiers de basse-fosse éluderont l'essentiel, la renaissance, pour ne se nourrir que du racoleur éventuel : ma séparation, les messages à Macron, les flèches à Delphine. Prévisible et inévitable. Mais je sais que toi, mon lecteur fidèle, tu sauras puiser le plus important : le message de résistance aux divers coups du sort que j'ai tenté de te transmettre. Et c'est d'abord cela qui compte.

Il est possible aussi que ces lignes n'aient pas l'écho que je pressens. Ni en mal ni en bien. Que cet ouvrage n'intéresse qu'une minorité. Et que l'ultime usage du peu d'exemplaires vendus le condamne à n'être qu'une cale sous un meuble de salon. Qu'importe ! L'essentiel est de l'avoir fait. Un message, au passage, pour tous les créatifs dont l'œuvre n'a pas rencontré son public.

Une phrase que m'avait glissée Charlélie Couture :

« C'est pas parce que ça se vend pas que c'est pas bien ! »

Tout au long de ces semaines de recul, écriture oblige, j'ai été attentif à la moindre renaissance qui pourrait alimenter ce dernier chapitre. Il y en a eu beaucoup.

À commencer par une appellation inattendue. « Renaissance » est devenu le nouveau nom du parti « En Marche ». Quatre mois après que j'en ai fait le sujet principal de ce livre. Copieur, Manu ! Comme quoi, ce concept qui semble être dans l'air du temps confirme mes dispositions visionnaires. Ce n'est pas nouveau. En 2010, dans *Une révolte, pas une révolution*, j'anticipais au détail près la colère des Gilets jaunes. Je devrais peut-être me lancer dans la voyance, moi !

Quoi qu'il en soit, cette « Renaissance » macronienne est bien éloignée de l'essence de ce que j'essaie de te transmettre ici. Un nouveau départ, certes, pour les députés opportunistes, les nouveaux ministres, et les anciens tenus de trouver une sortie à leur voie de garage. La tambouille traditionnelle. Mais peu de chances de renaître pour le pouvoir d'achat, les cités en désordre et les galériens du quotidien. Une fois de plus, à défaut de pouvoir faire contre, il va falloir faire avec. Si les ressentis que je t'ai livrés tout au long de ces pages peuvent t'y aider, non seulement j'en serai très heureux, mais cela me confortera dans ma modeste croisade humaniste.

Depuis que j'ai posé provisoirement la plume, toujours mû par mon instinct d'ethnologue de la vraie vie, j'ai tenté d'« évangéliser » une foule de blessés chaque fois que l'occasion m'en a été donnée. Sans autre religion que celle de l'Amour. Par bonheur, j'ai croisé aussi des ressuscités. Des survivants. Des phénix, comme moi. Ceux-là n'avaient pas besoin de mon aide. Ils avaient déjà tout résolu avec la même règle d'or :

« Résister et survivre, sans à aucun moment s'apitoyer sur soi-même. »

Je voudrais juste m'arrêter sur un cas. Parce que, de tout ce que j'ai évoqué jusqu'ici, c'est peut-être l'aventure humaine qui te donnera le plus les moyens de relativiser tes propres douleurs. De prendre conscience du vide d'autres verres, pour te satisfaire du demi-plein du tien. Et ainsi d'entamer ta renaissance personnelle.

15 heures. 8 mai 2022. Les coulisses d'un théâtre de province.

Elle est venue assister à la représentation de « Louis XVI.fr ». Je n'avais pas revu Hélène depuis de très longues années. Une vieille amie de la famille qui nous suivait de galas en galas à l'époque des « années bonheur ». Alors, retrouvailles. Émotion. Nostalgie. Et, après avoir égrené les souvenirs heureux, elle se laisse aller à des confidences qu'elle avait tues jusque-là. Elle est aussi gaie et sereine que sa confession va être terrible.

Je demande :

— Tu vis seule ?

— Oui. Le dernier de mes compagnons s'est suicidé.

— C'est triste.

— Non. Il me cognait. D'ailleurs, tous les hommes que j'ai connus m'ont battue.

Et sa confession va déverser tous les poncifs abominables de la violence ordinaire. L'alcool, les coups, les humiliations. Une vie mutilée, fracassée, avec en point d'orgue le pire des aveux.

— Entre 10 et 14 ans, j'ai été violée tous les jours par mon frère. Alors, chaque année, le jour de son anniversaire, je faisais une tentative de suicide.

Et elle énumère : la mobylette lancée contre un arbre, l'ingestion de trichloréthylène, les veines tranchées. Et même le train qu'elle a attendu pour se jeter dessous, mais qui ce jour-là n'est pas passé. Merci Sud-Rail ! Et tout ça en souriant. Sans aucune demande de compassion. Parce qu'à force de volonté et de bienveillance, elle a tout reconstruit.

Je demande quand même :

— Tu n'as pas porté plainte contre ton frère ?

— Non. Aujourd'hui, il reconnaît les faits, mais du bout des lèvres. Si tu racontes mon histoire dans ton bouquin, j'espère qu'il la lira et qu'il prendra conscience du mal qu'il m'a fait.

La fin de sa confession m'a anéanti. Sa dernière phrase a été un coup de poignard après que je lui ai posé la question :

— Tes parents n'ont rien fait ?

— *Non. Ma mère savait. Mais elle m'a dit : « Tu n'avais qu'à pas être aussi jolie ! »*

Putain d'âme humaine ! Capable de l'immonde autant que du merveilleux. Le merveilleux, c'est la force de résilience de mon amie. On s'est séparés en se serrant fort. Je lui ai transmis toutes mes ondes bienveillantes de secours. Ce que je fais chaque fois en souvenir de l'oisillon blessé de mon enfance. Cette étreinte m'a autant apaisé qu'elle. À l'image des étreintes de mots que j'ai tenté de t'offrir pendant tout ce voyage littéraire.

Ce bout de chemin avec toi aura participé de ma thérapie. Il aura mis du baume sur la moindre de mes blessures. J'en ai bien besoin. Le temps qui passe continue à m'effilocher. Toujours des douleurs plus ou moins sournoises. Celles de l'opération et de la séparation. Chaque jour une ride nouvelle, une fêlure à l'âme. La plus récente, c'est encore un indispensable qui a lâché la rampe. Tonton Max de Toulouse. Mon vieux marginal. Un caïd à l'ancienne. Un vrai de vrai. Avec une tendresse et une protection infinies pour moi depuis mes 16 ans. Entre lui et Norbert, 250 kilos de moins sur terre. Ça allège la planète, mais putain que ça pèse lourd dans mon cœur !

Encore un crochet, encore un uppercut qui me rapprochent de la fin du combat. Alors je soigne, je suture. Et je repars sur le ring pour un round de plus. Gai, et plus optimiste que jamais. Je renais constamment en me saoulant de projets divers. Du théâtre, des spectacles, l'enregistrement d'un nouvel album. La tête pleine d'inventions, de créations. Et une fois de plus, qu'importe que j'y rencontre le succès. L'important, c'est de faire. À l'orée de toute désillusion, il faut s'appliquer à tout effacer et recommencer.

La clé du bonheur est dans le renouveau.

« Le bout du tunnel n'est pas loin. Pour le voir, il suffit de se retourner. »

Comme promis, je dédicace ce dernier chapitre à Benjamin, Olivier et Lily, mes enfants. Ainsi qu'à Ange, Marie, Vincent, Loli, Thomas, Lila, mes petits-enfants. Pour qu'ils se fassent une dernière idée de ce que j'étais et de ce que je souhaiterais qu'ils soient. Mon véritable héritage. Une transmission de vécu plus que d'écus. Sans aucun droit de succession à régler, donc. Désolé, Bercy !

J'aimerais que ce que je viens d'écrire leur trace un chemin de vie le plus dénué d'ornières possible. Qu'ils s'inspirent de chacune de mes renaissances pour ne jamais baisser les bras, quels que soient les crocs-en-jambe du destin. Et surtout, malgré les guerres que leur imposeront les autres, qu'ils vivent en paix avec eux-mêmes. Il y a longtemps, ce genre de legs m'avait inspiré une chanson. La fiction d'un homme seul qui laissait à ses héritiers la seule fortune que les leçons de la vie lui avaient permis d'acquérir : *« des valeurs »*.

La chanson disait ceci :

Donner une parole et ne pas la reprendre
Revenir à l'école pour le plaisir d'apprendre

Pardonner à l'ami qui t'a volé l'amour
Et te sentir détruit sans crier au secours

Accepter d'être moins que ce que t'as rêvé
Et n'être que témoin à défaut de premier
Et ne gagner d'argent que ce qu'il te faudrait
Avoir suffisamment c'est déjà bien assez

Voilà petit, voilà, c'est mon seul héritage
Pour embellir ta vie quand la mienne s'en va
Voilà petit, voilà, la fortune d'un sage
Tout ce que j'ai appris, c'est mon cadeau pour toi

Ne pas te laisser faire par les marchands de vent
Qui plantent des chimères aux veines des enfants
Ne pas prendre trop vite l'aiguille qu'on te tend
Ce poison ne profite qu'à celui qui le vend

Et respecter les filles et respecter les vieux
Ne pas croire ce qui brille si ce n'est quelques yeux
Et ne jamais haïr le plus puissant que toi
Et ne pas trop en dire lorsque tu ne sais pas

Voilà petit, voilà, c'est mon seul héritage
Ce qu'il reste de moi, mon unique trésor
Voilà petit, voilà, la fortune d'un sage
Ce que je laisse là vaut bien plus que de l'or

N'avoir de religion que celle de l'amour
Refuser l'illusion des Églises en secours
Qui derrière leurs drapeaux cachent trop de fusils
Pas un seul dieu ne vaut le sang de ses petits

Et ouvrir sa maison à celui qui a froid
Ne jamais faire d'affront au plus petit que toi
Si tu es roi un jour, surtout rappelle-toi
C'est du plus haut des tours qu'on tombe le plus bas

Voilà petit, voilà, c'est mon seul héritage
À oublier l'amour, j'ai raté trop de trains
Voilà petit, voilà, la fortune d'un sage
Quelques mots de secours pour pas manquer le tien

J'ai donné ma parole et puis je l'ai reprise
J'ai oublié l'école, adoré les Églises
Et j'ai souffert tellement de n'être que passant
Jamais assez d'argent, jamais assez de temps

J'ai insulté les uns et crucifié les autres
Il ne me reste rien et personne à ma porte
Ne laisse pas l'orgueil diriger tes envies
Ou bien tu seras seul à la fin de ta vie

Voilà petit, voilà, c'est mon seul héritage
Je n'ai plus rien à moi, je ne laisse que ça
Voilà petit, voilà, la fortune d'un sage
Qui voudrait que tu sois ce que je n'étais pas.

Un personnage de fiction, bien sûr. Mais, à part le dénuement, si proche de ce que je suis vraiment. De ce que j'assume totalement en ce soir de juin 2022. Au presque bout d'une existence dont je viens de te confesser l'essentiel dans les pages qui ont précédé. Avec, quels que fussent mes égarements, la fierté de ne rien avoir lâché de mes convictions les plus pures

Toute une vie sans concessions pour finalement en choisir une. Le jeu de mots est facile. Je parle de la concession que je viens de réserver, cet après-midi, au cimetière de Martel. Mon dernier appartement tout confort. Lumineux, spacieux. Je m'installerai là après que les derniers locataires auront été transférés à l'ossuaire municipal.

Je te rassure, je ne suis pas pressé d'emménager.

— La vue est très belle, m'a dit l'employé de mairie.

Il a raison, l'agent immobiliste ! Je ne doute pas que les visiteurs seront charmés par le panorama. Martel est un village magnifique. Et je ne te cache pas que ma volonté d'y être enterré sous-entend une projection éminemment touristique. Non que je souhaite que, par avance, les commerçants me fassent des prix en acompte de l'affluence future. Mais je dois bien ça à ce petit coin du Lot dont la douceur de vivre m'a comblé de bien-être.

Pour l'instant, celle qui sera mon ultime demeure est en friche. Mais j'ai déjà quelques idées d'aménagement. Certaines, très saugrenues, n'ont fait que me traverser l'esprit. Il me paraît difficile de les mettre en pratique : l'installation d'une tireuse de bière pour les plus assoiffés, d'une machine à café, d'un distributeur de Bounty. Généreux, mais bien trop aléatoire. Dans notre époque de filous, le stock ne tiendrait pas vingt-quatre heures.

Un caveau fluo surmonté d'une boule à facettes, pour raviver chez les plus nostalgiques la mémoire festive de mes chansons qui faisaient danser en discothèque. Un juke-box garni de mes CD les plus joyeux. Et bien sûr, trivialité oblige, des sex toys dédicacés, à mes mesures, couronnés d'une mèche pour faire bougie !

— Allons, allons monsieur ! Soyons sérieux ! La mort, c'est grave. Un cimetière, ce n'est pas la fête à Neu-Neu !

— C'est bien dommage ! Je n'aurais pas été contre quelques tours de manège post mortem !

La croix qui surplombe le lieu m'a donné une idée encore plus folle. Mais tellement sacrilège que, bien entendu, je me garderai bien de l'exiger. On ne sait jamais. Si Dieu existe, à mon arrivée au paradis, je risquerais d'être refoulé vers l'enfer manu militari.

J'entends déjà saint Pierre m'excommunier, le doigt pointé vers la sortie :

— Dehors, mécréant ! Vous trouvez ça drôle vous, le *« Petit Bonhomme en mousse »*, bras écartés sur la croix à la place du Christ ?

— Désolé !

J'ai, bien entendu, rangé toutes ces excentricités dans mon grenier à conneries perdues. Il n'empêche que j'ai quand même un souhait original qui, celui-là, est tout à fait réalisable. Bien plus, il aura peut-être des échos. Et qui sait si mon idée ne sera pas reprise autour de multiples sépultures ? Ce serait certainement le plus beau marqueur de mon éternité.

— Et c'est quoi, cette idée ? demande Maman.

— Je souhaite faire sceller de part et d'autre de mon caveau ce que j'ai nommé des *« bancs de rencontres »*.

— Encore tes obsessions libertines ? Décidément, mon petit, tu ne respectes rien.

— Ce n'est pas du tout ça, Maman.

Je souhaite que soient installés ces *« bancs de rencontres »* pour que des gens qui ne se connaissent pas forcément s'y côtoient. Pour que, assis, tranquilles, ils prennent le temps de partager des émotions. Pas seulement dans le recueillement. Pour que, réunis autour du concept de respect de l'autre que j'ai toujours prôné, ils se reconnaissent et échangent leurs visions altruistes du monde. Pour que, inspirés par mon âme voisine, ils essaient de mieux s'apprendre, mieux se comprendre.

Et qui sait si, au hasard de ces communions, des amitiés solides, voire des couples, ne se formeront pas ? Qui sait si ces *« bancs de rencontres »* ne se développeront pas ailleurs ? Pour que des êtres différents apprennent à se rassembler et se ressembler autour d'un disparu dont les valeurs étaient proches des miennes. Bienveillance, courage, liberté, résilience. Je t'avoue que, d'outre-tombe, ce serait mon plus beau prolongement.

Ma renaissance éternelle.

Ce que je viens d'écrire tient lieu d'invitation officielle.

« Cimetière de Martel, Lot. Venez sans fleurs. Apportez vos boissons. Vous pourrez fumer. Tenue d'esprit incorrecte exigée. »

Quand ?

Seul le destin le sait, puisque tout est écrit.

— Soyez-en bien conscients, mes mômes !

Cela vous aidera à relativiser chaque succès et chaque échec. Chaque commencement et chaque fin. En vous efforçant de saisir l'occasion de rebondir après chaque chute. Parce qu'il ne sert à rien de pester contre l'inéluctable. La vie est faite de choix dont nous sommes certains d'être les seuls décideurs. Je pense que nous n'en sommes que les pantins. Avec Dieu dans le rôle du marionnettiste ? En agnostique, je ne me prononce pas. Je préfère l'appeler « *Gepetto* ».

C'est à lui que je dois certainement le plus émouvant de mes rendez-vous manqués. C'est la dernière anecdote que je veux te raconter, parce qu'elle illustre parfaitement notre impuissance devant ce qui est tracé. Et, en conséquence, l'inutilité de crier à l'injustice devant le moindre coup du sort.

« La condition sine qua non de toute renaissance est d'abord d'accepter sans réserve le fait accompli. Sans en vouloir ni au ciel ni à soi-même. »

Elle s'appelait Josiane. Elle avait pris Juliette comme nom de guerre. Une guerre en dentelles fines. En 1970, elle était montée de Brive à Paris pour y jouer les starlettes. Généreuse à l'excès, elle offrait son sourire, son cœur et parfois sa peau au moindre aimable. Sans calcul. Sans autre bénéfice que le plaisir de faire plaisir. Maman m'avait donné son téléphone à tout hasard.

Dès mon arrivée à Paris, elle m'a pris sous son aile. Sous son elle. C'est elle qui m'a déniché mon cagibi de l'autre côté du couloir de son minuscule appartement au sixième étage sans ascenseur d'un immeuble de la rue Laugier. On a partagé l'hiver glacial, la canicule étouffante de 1976 sous les toits. Les trois poissons panés en guise d'entrée, plat, dessert. Elle a accompagné mes premiers pas dans ma recherche de cabarets. À chaque humiliation, à chaque découragement, elle me boostait. Pendant deux ans, elle m'a offert un soutien sans faille, en plus de sa tendresse de corps. Elle a été la personne la plus essentielle de mes débuts. Sans ses leçons d'espoir quotidiennes, je serais sans doute reparti d'où je venais.

Et puis, nos routes se sont séparées. Mais sans rien changer à l'amitié indéfectible qui nous liait. La dernière fois que je l'ai vue, son appartement empestait l'encens. Des bougies, des icônes au mur. Son voyage initiatique l'avait entraînée loin des parades du monde artificiel du show-biz. Quelques mois plus tard, je l'ai totalement perdue de vue. Injoignable. Certains de ses amis la disaient à l'étranger. Pendant plus de quarante ans, j'ai tenté de retrouver sa trace. En vain.

15 heures. Le 21 mai 2020. Dans mon bureau à Paris.

Il y a deux indispensables auprès de moi. D'abord, Laurent, mon secrétaire et chauffeur. L'ami, le complice, le protecteur. Fiable, discret, il possède en plus un sens de l'humour acéré. Il est le dépositaire de tous mes secrets. Il a érigé en étendard une des valeurs qui se font de plus en plus rares : la loyauté.

Et puis il y a Sonny. Depuis des années, il s'occupe avec un professionnalisme hors norme de ce qui m'échappe totalement : le numérique. Bien au-delà, il est présent à n'importe quelle heure du jour et de la nuit. Plus qu'un ami, un guide. Quand le tourbillon de ma célébrité me fait voir flou, il me prête ses yeux.

Nous sommes tous les trois quand je décide de me servir des qualités techniques de Sonny pour tenter de retrouver Juliette. Un éclair, comme ça, d'un coup. Pourquoi n'y ai-je pas pensé plus tôt ? Je ne sais pas. Une fois de plus, le destin a choisi d'allumer la petite lampe seulement à ce moment précis. La Suisse, l'Afrique, l'Amérique, où peut-elle être ? Des témoignages l'avaient supposée à Genève, à Dakar, en Arkansas. Une aiguille dans une botte de foin.

Et soudain, Laurent, le pragmatique, suggère :

— Et pourquoi pas Brive, tout simplement ?

Sonny tape sur son ordinateur son nom d'origine et Brive. Miracle. Ça matche ! Mon cœur bondit. Une photo de groupe au milieu de laquelle une femme, cheveux ras blancs, sourit. Encore quelques recherches et on trouve un contact. Pas elle, sa sœur.

— Allô ! C'est Patrick Sébastien. Excusez-moi de vous déranger, mais il m'a semblé reconnaître quelqu'un sur une photo. C'est bien Juliette ? Enfin, je veux dire : Josiane, votre sœur.

La voix se casse :

— Oh Patrick ! C'est bien elle. Comme je suis heureuse. Elle m'a tellement parlé de vous.

— Comme je suis heureux aussi. Ça fait quarante ans que je la cherche dans le monde entier. Enfin, je l'ai retrouvée !

La phrase qui suit me brise le cœur :

— Elle est morte il y a cinq ans. Un cancer qu'elle n'a pas voulu soigner.

Un long silence. Et je demande, au bord des larmes :

— Elle a fini sa vie où ?

— *À Noailles. Après avoir été partout, elle était revenue au point de départ. Elle y habitait depuis dix ans.*

Noailles ! À 23 kilomètres de Martel exactement ! Celle que je cherchais au bout du monde était tout près.

— *Mais pourquoi ne m'a-t-elle pas contacté ?*

— *Elle n'a pas osé. Elle ne voulait pas vous déranger.*

Cette révélation m'a laissé un goût doux-amer. Amer et profondément triste pour le présent. Doux pour la mémoire. Parce que ce si cruel rendez-vous manqué, c'était la faute à qui ? À elle ? À moi ? Ni l'un ni l'autre, je pense. Je préfère croire que le destin a choisi de nous laisser sur des souvenirs lumineux.

Qui sait si, malgré le bonheur de nous revoir, nos retrouvailles n'auraient pas éteint quelque chose ?

Qui sait si notre physique ébréché, notre vécu tumultueux n'auraient pas enlevé de la magie aux moments merveilleux que nous avons partagés ?

« *Gepetto* » l'a voulu ainsi. Pourquoi pas ? Au prisme de lumière de mes renaissances multiples, cet épisode a inventé une couleur nouvelle : le gris-rose. Une teinte pastel pour égayer chaque déception. Ajouter du brillant au terne. Le terne s'estompe avec le temps. Le brillant reste éternellement dans la mémoire. Avec Juliette, le brillant, c'étaient nos rires, notre complicité, notre insouciance. Ma vitalité, sa beauté d'alors. Notre belle jeunesse. L'occasion de replacer là les deux vers en exergue au début de cet ouvrage :

> *« Ne pas se lamenter sur les bonheurs perdus*
> *Juste se contenter de les avoir vécus. »*

Voilà ! Je vais m'arrêter là.

Est-ce que le barillet a tourné ?

Il n'y a que moi qui le sais.

Et personne d'autre ne le saura.

Je vais finir avec une phrase de Frédéric Dard. Certainement la plus belle qu'il ait écrite. Parce que toutes les démonstrations que j'ai tenté de faire pour t'aider à renaître des tourments ne vaudront jamais la volonté de ne pas en mourir. Le futur n'existe pas. Seul le présent importe. Aux deux sens du mot : l'actualité et le cadeau.

— Mes mômes, n'attendez pas pour offrir le meilleur à vous-mêmes et aux autres !

La phrase qui termine ce livre résonnera souvent, j'en suis sûr, dans votre tête et dans celle de toutes les personnes qui tiennent sincèrement à moi. Chaque fois que tu croiseras un être cher, pense à cette phrase. C'est la clé de son bonheur et du tien. Parce qu'au-delà du bien fait à l'autre, l'amour qu'on offre est le plus beau cadeau que l'on puisse faire à soi-même.

Sans attendre que cet autre ne soit plus.

Frédéric a écrit :

> *« Si j'avais su que je l'aimais autant, je l'aurais aimé davantage ! »*

Martel, 1er juin 2022

Si vous avez aimé le livre,
vous aimerez l'album « Hommages et dessert »
(sortie printemps 2023).

Composition et mise en pages
Nord Compo à Villeneuve-d'Ascq

FSC
www.fsc.org
MIXTE
Papier issu
de sources
responsables
FSC® C123930

L'éditeur de cet ouvrage s'engage
dans une démarche de certification FSC®
qui contribue à la préservation des forêts
pour les générations futures.

Impression réalisée par CPI BUSSIÈRE
Saint-Amand-Montrond (Cher), en octobre 2022

N° d'édition : 4894/08 - N° d'impression : 2068287
Dépôt légal : septembre 2022

Imprimé en France